礼仪公关系列教材

XIANDAI LIYI
JIAOCHENG

U0497951

现代礼仪教程

（第六版）

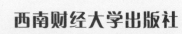

西南财经大学出版社

图书在版编目(CIP)数据

现代礼仪教程/李道魁编著 . — 6 版 . —成都:西南财经大学出版社,2018. 5
(2019. 2 重印)
ISBN 978-7-5504-3476-9

Ⅰ. ①现… Ⅱ. ①李… Ⅲ. ①礼仪—高等学校—教材 Ⅳ. ①K891. 26

中国版本图书馆 CIP 数据核字(2018)第 098439 号

现代礼仪教程(第六版)

李道魁 编著

责任编辑:李晓嵩
助理编辑:袁 婷
封面设计:杨红鹰 张姗姗
责任印制:朱曼丽

出版发行	西南财经大学出版社(四川省成都市光华村街 55 号)
网 址	http://www. bookcj. com
电子邮件	bookcj@ foxmail. com
邮政编码	610074
电 话	028-87353785 87352368
照 排	四川胜翔数码印务设计有限公司
印 刷	郫县犀浦印刷厂
成品尺寸	160mm×240mm
印 张	14. 25
字 数	237 千字
版 次	2018 年 5 月第 6 版
印 次	2019 年 2 月第 2 次印刷
印 数	3001— 6000 册
书 号	ISBN 978-7-5504-3476-9
定 价	35. 00 元

接读道魁的《现代礼仪教程》，因礼仪的话题而想到了青少年时期的两件事，即两件与礼仪相关的事。

第一件事发生在我读小学五年级的时候。那一年暑假，家里宴请一位尊贵的客人。席间，爷爷让我为客人敬酒。在叔伯兄弟几人中，爷爷对我一直比较偏爱。从爷爷的举动中，我隐约感到了爷爷对客人的看重，但没想到，事情最终还是被我办"糟"了。我听从爷爷的安排，兴冲冲大步跑进上屋，见一张八仙方桌，坐满了客人。我直奔右上首的客人，斟满一盅黄酒（米酒），放下酒壶，转身便走。随即听到爷爷的感叹声"唉，这孩子真不懂事"和客人的劝慰声"没事，没事，他小孩家，不懂"。我不知道自己做错了什么。事后，我才知道，我应当依次为席间所有的客人斟一遍酒，方可退下。这件事发生后，说实话，我开始烦此类有关礼仪的事，我感到了它对我的约束，并自此凡"礼数太稠"的事儿往往都采取逃避的态度。

第二件事发生在我高中毕业之后。那时我已回到家乡务农，一次到镇上办事碰巧遇见了一位高中同学，他因接父亲的班而到了道班（公路养护段）工作，成为"吃皇粮"的正式工人。我俩在镇东头碰面时，他突然伸出左手，同我握手。我有点手足无措，慌乱中，只见他左手腕上的手表闪闪发光。"凡事须得琢磨才会明白"，事后我终于想通了：这位同学是为了让我看到他戴的手表。手表肯定不是什么好手表，但那是在物质生活极为贫乏的20世纪70年代初期，自然它所代表的意义就不同于现在。这件事引起我极为复杂的感情体验：我先是感到有些愤然，因为我觉得他是在向我炫耀，心想，同学之间，何必如此?! 过了一段时间，待平静下来后，又原谅了他，而且，多少还有点同情这位太爱面子的同学。

两件与礼仪相关的事，使我后来加深了对礼仪的感悟和理解。即：要遵守交往礼仪的最基本的"游戏规则"，不能突破底线；礼仪应当成为个人圆满发展的催化剂，而不能过分地限制其成长，甚至成为遮蔽真诚的"面具"和"手套"。

我们不能武断地说，在一个相对封闭的社会里，不存在礼仪交往，但我们却可以说，一个充满活力的、开放的社会，人们对礼仪交往的重视、需求程度更高。改革开放以来，论述礼仪、公共关系的书籍大量涌现，即是最好的明证。

重视礼仪，是一个社会、国家和民族文明进步的标志，这一点我想是有共识的。但怎样使每个人都懂"礼"知"仪"，见地则未必相同。我倾向于这样一种看法：对于礼仪，应当"学""用"并重，"内""外"一致，"形""神"兼具。所谓"学""用"并重，不难理解，是说我们不能仅仅停留于礼仪教程的条文，而应当理论联系实际，使礼仪知识不至于仅停留于案头、口头；"内""外"一致、"形""神"兼具则不易表达得十分完整，更不易做得完美。这两点在大意上是相同的，但稍有区别。它们相同的意思是：在讲究礼仪、运用礼仪规则的过程中，实践者应当做到表里如一、形神兼具，即礼仪不应只是一种外在的、表象的、装饰性的东西，它应当渗透到一个人的言行中，成为其生命的一部分。而"形""神"兼具较"内""外"一致则有更高的境界。也就是说，礼仪应当是一种自然的、自在的、常态的东西。它在人际交往中，以一种行云流水般的形态表现出来，而不是刻意地、人为地甚至是生硬地表演出来。"形"似"神"不似，"金玉其外，败絮其中"则更不能容忍。一个人如果品行、人格不端，衣着、举止再得体也于事无补，甚至会产生更坏的后果。前面我提到的不能使礼仪最终成为遮蔽真诚的"面具"和"手套"，讲的就是这个意思。

在礼仪的训练上，我们应当倡导"功夫在诗外"的做法——这里只是借用，即我们应当在学好礼仪规范的同时，用更多的时间、精力，从知识、教养、人格方面，充实、修正自己。从"外"而至"内"，从"形"似到"神"似，直到追求"神韵"。前段时间，我在接受一家媒体的采访时，讲过这层意思。采访结束后，他们以"人文素质教育：形与神，自律与他律"为题将谈话内容刊载于几家报纸上。我在接受采访时说过这样的话：当我们面对一个在礼仪方面"内"与"外"、"形"与"神"都修炼到家的人时，你会有一种如沐春风的感觉。从他的身上溢出的神韵，会令你倾倒，让你在不自觉中被他引领而得到精神的提升。我愿每一个人都能成为这样的智者、圣者。

道魁从郑州大学毕业后，一直没有放弃提高、提升自己，在繁忙的工作之余，他编著了不少有价值的书。这本《现代礼仪教程》显示了道魁新的知识储备。读者还可以注意到，他在书后又附加了许多同礼仪相关的知识，使之几乎成了一部有关礼仪的"小百科全书"。一册在手，享用不尽。相信《现代礼仪教程》的出版，一定会为社会的文明进步起到积极的作用。

对于礼仪，我的确所知甚少。门外谈礼，难免错失。好在这本"教程"不错，大家好好学习、实践就是了。愿我们一道知"礼"重"仪"，走向现代文明。

陈继会

2001 年 9 月于郑州大学

第六版前言

　　中国素有"文明古国、礼仪之邦"的美称,从古至今,历来尚礼。礼是"人伦之绳墨,失之者辱,得之者荣"。古代流传下来的有《周礼》《仪礼》《礼记》等专门记载礼仪的著作,历史典籍中也不乏礼仪方面的记载,这足以说明我们的祖先对礼仪的高度重视。孔子曰:"不学礼,无以立。""礼之用,和为贵。"荀子曰:"人无礼则不生,事无礼则不成,国家无礼则不宁。"这说明礼仪是一个人立足社会、成就事业、获得美好人生的基础。学习礼仪是为了能够与他人和谐相处;宣传、推广礼仪是为了社会的祥和、稳定。

　　礼仪是人类文化的一个重要组成部分,它反映了人类社会的进步和文明。它是沟通人类情感的传导器,调节人际关系的黏合剂,规范和约束人们行为的红绿灯。一个组织、一个国家的形象往往是通过其成员和民众对礼仪的重视及履行程度来体现的。个人不注重礼仪修养必然祸及组织,乃至整个社会。对此,一些经济学家尖锐地指出,社会上一些道德文明沦丧的现象必将阻碍社会经济的发展。欧洲旅游总会建议旅游者应该遵循的九条基本准则的第一条就是:"你不要忘记,你在自己的国度里不过是成千上万同胞中的一名普通公民,而在国外你就是'西班牙人'或'法国人'。你的言谈举止决定着他国人士对你的国家的评价。"从某种程度上说,旅行像一个流动的社会坐标,个人的任何一次不文明的举止,都可能会给同一个族群的下一批旅行者带来不必要的定式印象。从这个意义上讲,为了让个体的形象、组织的形象、国家的形象更美好,每个人都应该学习礼仪、重视礼仪。最重要的就是入乡随俗,感受不同的文化、生活习俗。

　　本书既可作为公关、旅游、营销等专业的教材,又可作为爱好者自学的参考书。就我个人的愿望来讲,我力求在书中做到理论性、系统性、实用性和趣味性相结合。但由于本人才疏学浅,殖学无根,加之手头资料匮乏,书中的缺点、错误在所难免,恳请方家批评、斧正。

　　本书在编写和修订过程中,吸收、借鉴、辑录了国内外出版、发表过的有关优秀研究成果和著述,在此特向作者、出版商致以诚挚的谢意。同时特别感谢西南财大出版社的历届领导和编发人员为此书付出的辛劳。

有"礼"走遍天下。新版面世之际，我心有期待，心有祝福：希望爱之者春风满面，习之者如沐春风，行之者春风得意，成之者永葆青春。愿我们每个人都能在依法治国和以德治国的新时代，都有新气象、新作为，给社会一张彬彬有礼的"名片"，以共同营造文明、礼貌、和谐的社会环境，为构建人类命运共同体而努力。

李道魁

2018 年 3 月

目　　录

第一章

礼仪概述

第一节 礼仪的概念及特点

一、礼仪的概念

礼,在汉语中本意为敬神,后引申为敬人。第六版《辞海》关于"礼"的注释是:①本谓敬神,引申为表示敬意的通称;②社会生活中由于风俗习惯而形成的为大家共同遵奉的仪式;③泛指古代社会贵族等级制的社会规范和道德规范;④礼物;⑤指礼书;⑥古书名;⑦姓。仪,《说文解字》道:"仪,度也。"本义为法度、准则、典范的意思,后引申为礼节、仪式和仪表。

礼仪属于道德范畴,是礼节和仪式的总称。它是指人们在与他人交往的过程中,外在表现的行为规则和形式的总和。这种行为规则和形式是在长期的社会生活中、在风俗习惯基础上形成的人们共同遵守的品行、程序、方式和体现的风度等。

礼仪虽然是人们交往过程中的外在表现,但实际上它是与一定的思想意识密切相联系的。也就是说,礼仪虽是形式,但一定的形式总是由一定的内容决定的。因此,礼仪是以一定的思想为基础的。

每一个民族由于其文化传统和社会心理不同,因而都有表现自己民族特色的习俗礼仪。实质上它是人类文明演变的结果,是人类文化的沉淀物,也是人类不断摆脱愚昧、野蛮、落后,代之以进步、开化、繁荣的标志。

二、相关概念的辨析

礼貌、礼节、礼仪、礼宾这四个概念在人际交往中经常使用，但在多数情况下人们却将其混为一谈，其实这四者的含义并不完全相同。

（一）礼貌

第六版《辞海》将礼貌解释为"对人恭敬和顺的仪容"，即指一个人在待人处世时，为了表示对他人的尊重、友好，在仪表、仪容、仪态以及语言和动作上谦虚恭敬的表现。它是对一个人文明行为的基本要求，体现了时代的风尚和人的道德品质，体现了人们的文化层次和文明程度。在不同的时代、不同的国家、不同的民族以及不同的行为环境中，虽然礼貌表达的形式和要求有所不同，但其基本要求是一致的，即应当做到诚恳、谦恭、和善与适度，而与其相对的则是傲慢、粗野、蛮横与轻率。一个微笑、一声"您好"等，都是礼貌的具体表现。

（二）礼节

礼节是人们在日常生活特别是在交际场合中，相互表示尊重、祝颂、问候、致意、致谢、哀悼、慰问以及给予必要的协助与照料的惯用形式。礼节是礼貌的具体表现，是礼仪的重要组成部分。如中国古代的作揖、跪拜，现今世界大多数国家通行的点头致意、握手，一些国家的双手合十及拥抱、亲吻等都属于礼节的形式。

礼节是待人处世的规矩，但并不是由某个团体或某个人制定的，而是人类在长期的社会生活中自然产生、约定俗成的行为准则。它虽然不像法律那样至高无上，但是，要得到别人的理解、社会的承认，就必须遵守人与人之间交往的规则和方式，即遵守礼节。然而，礼节又不是一成不变的，它往往因时间、空间或对象的不同而有所改变。

（三）礼仪

礼仪显然涵盖了礼貌和礼节，三者是相辅相成、有机联系的，体现了内容和形式的统一。礼节是礼貌的具体表现，有礼貌而不懂得礼节，就容易失礼。我们有时会看到某些人对他人虽有恭敬、谦逊之心，但在与人交往时却显得手足无措，或因为礼节不周而使人觉得尴尬；还有一种人，虽懂礼节，但在施礼时却缺乏诚意。这些都是没有理解礼节、礼貌真正含义的结果。正所谓，敬人要从心里敬。只有内心的诚意与动作的协调一致，才能达到三者的完美统一。

（四）礼宾

礼宾是指按一定的礼节和仪式接待宾客（多用于外交场合）。所

以，各国外交部一般都设有礼宾司，一些王室或元首府还设有典礼司或典礼官，专司礼宾之职。

随着社会的发展和人民生活水平的提高，礼仪的形式也越来越多，人们迫切需要了解礼仪的各种知识，因此礼仪学这门新兴的学科便应运而生了。礼仪学是研究和总结礼仪的发生、发展及其规律的科学，在礼仪活动中起着指导作用。

三、礼仪的特点

礼仪属于道德范畴，具有道德的一般特点，但作为道德的一个特殊方面，又具有其自身的特点。

（一）共同性

礼仪是全人类共同需要的。它早已跨越国家和民族的界限，不分国别、性别、年龄、阶层，只要人类存在着交往活动，人们就需要通过礼仪来表达彼此的情感和尊重。尽管不同的国家、不同的民族对于礼仪内容的理解不同、重视的程度不同、反映的情况也不同，但对礼仪的需要却是共同的。

（二）时代性

礼仪既然是一种约束人们行为的规范，就不可避免地带有浓厚的时代色彩。由于一个时代的社会风貌、政治背景、文化习俗等都会对礼仪的形成或流行产生影响，因此，礼仪也不是一成不变的。随着社会的进步、时代的发展，礼仪也随之发生变化，并在实践中不断完善，赋予其新的内容。

我国的现代礼仪，是以往各个历史时期的礼仪合乎逻辑的发展。师古而不泥古，师古而不复古。它继承了历史上优秀的礼仪传统，摒弃和革除了显示人尊卑身份的跪拜等礼仪，并根据社会主义制度的基本政治思想，建立了平等的、同志式的新型礼仪体系。人们以礼相待，男女平等，尊老爱幼，助人为乐，用良好的现代礼仪服务于社会主义精神文明建设。

（三）差异性

礼仪的实质是人类历史发展过程中逐步形成并沉淀下来的一种文化。由于民族信仰、习俗、地理环境和交通条件等因素的影响，不同国家、不同地区和不同民族有着不同的发展历史，各个国家、地区和民族又都有自己的一些区别于其他国家、地区和民族的表达礼仪特定含义的方式。因此，礼仪因地域、民族的不同而表现出形式上的差异性。

我国著名学者黄遵宪在论民俗时说道："天下万国之人、之心、之理，即已无不同，而稽其节文乃南辕北辙，乖隔歧异，不可合并，至于如此，盖各因其所习以为之故也。礼也者，非从天降，非从地出，因人情而为之者也。人情者何，习惯是也。川岳分区，风气间阻，此因其所习，彼亦因其所习，日增月益，各行其道，习惯之久，至于一成不可易，而礼与俗，皆出于其中。"

礼仪的差异性除了地域性、民族性的差异外，还表现在礼仪的等级差别上，对不同身份地位的对象施以不同的礼仪。

（四）公德约束性

公德即社会公共道德。它是长期以来在一定社会范围内逐渐形成的一种被大多数社会成员认可并施行的思想和行为规范，是在一定文化历史背景下形成的具有固定特点的调整人际关系的社会因素，是人们评价善、恶、丑的习惯性标准，具有约定俗成的本质属性。人们常说："道德是最高的法律，法律是最低的道德。"礼仪与公共道德不相违背的特征被称为礼仪的公德约束性。它虽然不具有法一般的强制力，但通过家族、邻里、亲朋的舆论监督，往往迫使人们遵守它。它在人们的生活中具有一种无形的力量。我国著名学者黄遵宪曾说："风俗之端，始于至微，搏之而无物，察之而无形，听之而无声，然而一二人倡之，千百人和之，人与人相接，又踵而行之；及其至成，虽其极陋甚弊者，举国之人，习以为然。上智所不能察，大力所不能挽，严刑峻法所不能变。夫事有是有非，有美有恶，旁观者或一览而知之。而彼国称之为礼，沿之为俗，乃举国之人，辗转沈锢于其中，而莫能少越，则习之囿人也大矣。"

宋代理学家朱熹说："礼，理也。"理即规矩、准则，而规矩就是用来约束人的思想和行为的。尽管不同时代、不同国家、不同民族的礼仪内容不尽相同，但守纪律、讲卫生、待人有礼、尊老爱幼等乃是整个人类社会共同的规矩，是做一个文明人的起码准则。

（五）延续性

社会不断发展、历史不断前进。礼仪作为人类社会生活的有机组成部分，不可能是一成不变的，礼仪习惯和礼仪制度的变化也不是剧烈的、飞跃式的，而是在大量延续、继承的前提下的一种渐进更迭。因为礼仪是缓慢形成的，要经过一个较长的演变过程，从而在人们的心灵深处形成强烈的认同感。一种礼仪一旦形成以后，便会有一个相对的延伸期，被一代一代地继承下去。只有在社会发生重大变革、人

们的观念革新后，旧的礼仪才会逐渐以非常缓慢的速度消失，不能期望"毕其功于一役"。

（六）通俗性

礼仪是由风俗习惯形成的，大多没有明文规定，但又被社会生活中的每一个成员所遵循。它简单明了，不需要高深的理论，人人都可以通过耳闻目睹来把握。当然，随着国际交往、人际交往的发展，各种礼仪也正在不断地被理论工作者加以总结、提高并趋于系统化和规范化。

第二节　礼仪的起源和发展

一、礼仪的起源

礼仪随着人类的产生而产生。马克思主义伦理学认为，礼仪道德是人类社会特有的现象。自人类社会出现以来，人们就要进行各种各样的交往，从而形成人与人之间复杂的社会关系。正如马克思和恩格斯所指出的，动物不对什么东西发生"关系"，而且根本没有"关系"，对于动物来说，它对他物的关系不是作为关系存在的。这就是说，动物只能依靠自身的器官从自然界取得现成的东西去维持生存，只能消极地适应环境，不能自觉地、有目的地改造世界，所以动物之间无所谓社会关系。而人则不同，自从类人猿最后脱离狭义动物界变成人以来，其生活、生产活动就是在群体中进行的。正如恩格斯所说，随着手的发展，随着人类的劳动，人开始了对自然的统治……不断地发现新的、以往所不知道的属性。另一方面，劳动的发达……使这种共同协作的好处对于每一个人都一目了然。在劳动的基础上，语言适应了交际的需要，产生了礼貌语。现在所知原始人类早晨相见的问候语是"无它否?"许慎在《说文解字》中释"它"为蛇。上古时代，毒蛇盘地，随时危及人类安全，祖先惧怕毒蛇，朝不虑夕，故相见便问："你没有被蛇咬了吧?"又如：上古时代人们早晨见面的问候语是"无恙"，"恙"也是一种毒虫。由此可知，在上古时代人类便有了礼貌语言。

但在原始社会，由于生产力水平低下，科学落后，人类处于一种愚昧状态，认识世界的能力极其有限，因而对许多自然现象无法做出科学解释，在许多自然灾害面前感到束手无策。于是，人们就把生活中的得失或成败归于自然，看成是自然的恩赐或惩罚。这就使得人们把"天"看作世间的最高主宰力量，对之顶礼膜拜，进行祭祀，以求得精神上的安慰，从而产生了最早的也是最简单的以祭天、敬神（当时称为图腾）为主要内容的"礼"。可见，礼是原始社会宗教信仰的产物。

据考证，甲骨文中就有"礼"字（繁体字写作"禮"）。卜辞中作豊，即"玨""凵""豆"之合。"玨"据说是一条一条的玉石，"凵"就是盛玉石的盆子，把一条一条的玉石放在盆子里，即成"豊"的样子，也就是盛了玉石的盆子的样子；"豆"就是放盆子的支架；盛了玉石的盆子放在架上，即成"豊"。拿这样的东西去供神（左边是神）就是礼，表示对神或先祖的敬意。《说文解字》中说："礼，履也，所以事神致福也。"徐灏笺注："礼之言履，谓履而行之也。礼之名起于事神。"实际上"祝""祭""奠"等字的甲骨文、象形文字的写法也都是礼仪场景的描绘。在敬神的基础之上，礼的含义逐渐拓宽，转移到对人的尊敬，于是产生了一系列对人施教的礼节、礼貌。

在远古时代，同一氏族成员在共同的采集、狩猎、饮食生活中所形成的习惯性语言、动作也是原始社会礼的萌芽；不同氏族、部落的成员，彼此间为了求得信任、谅解与协作而使用的一些被普遍认同的语言、表情、姿势，也同样被看作是礼的最初形态。在母系和父系氏族社会时期，随着礼与等级的逐步出现，便在日常生活中形成了能协调社会关系、反映等级权威的"礼仪"。由此，纵观原始社会的礼，可以看出它具有以下几个方面的功能：①确定婚姻制度，以明确血缘关系，使自然群居的团体发展为血缘亲族集团，最后发展为夫妻制；②建立政治体制和区别部落内尊卑等级，制定刑典法律，形成原始政治体制；③确定一些祭奠仪式；④肯定一些礼节形式和表示恭敬的动作。可见，原始社会已经形成了原始的政治礼仪、敬神礼仪和婚姻礼仪，是礼仪的起源时期。

二、礼仪的发展

随着私有制、阶级和国家的出现，人类社会进入奴隶社会，这是人类社会的一大进步。人类的文明程度也随之得到提高，原始社会时期的亲婚群婚、茹毛饮血等野蛮现象基本消失，各种礼仪制度相继确立。礼作为一种行为尺度和规则被打上了阶级的烙印，礼仪也从主要的原始宗教仪式发展成为一整套的伦理道德观念。奴隶主贵族用礼来树立君主的尊严和绝对权威，维护自己在政治、经济、文化及社会各个方面的统治。正所谓"礼，国之大柄也"。《礼记·礼记集说序》开

篇则说："前圣继天立极之道，莫大于礼，后圣重世立教之书，亦莫先于礼。礼仪三百，威仪三千，孰非精神心术之所寓，故能与天地同其节。"这样，就把礼推崇到了高于一切的地步，使之具有"经国家，定社稷，序民人，利后嗣"的重要作用，可以让"民不迁，农不移，工贾不变，士不滥，官不滔，大夫不收公利"，以巩固统治阶级的政权。奴隶社会的礼，其主体就是政治体制，就是刑典法律。

夏商两代都有各自的礼。到了周代，为了限制诸侯僭越，以下犯上，制定了更详尽的礼法。西周时代是我国古代历史上的礼治时代，在周公主持下制定的《周礼》内容较为广泛，除了有关政刑的各种制度外，还提出了一整套的礼制，从大宗伯（掌邦礼的长官）之职文中归为"五礼"（吉、凶、军、宾、嘉），"九仪"（受职、受服、受位、受器、赐则、赐官、赐国、作牧、作伯），"六瑞"（镇圭、桓圭、信圭、躬圭、偬璧、蒲璧），"六挚"（皮帛、羔、雁、雉、鹜、鸡），"六器"（苍璧、黄琮、青圭、赤璋、白琥、玄璜）。其中"五礼"和"九仪"是针对各种场面的礼仪制度，而"六瑞""六挚""六器"则是行礼时所用的器物，目的在于区别尊卑①贵贱。在我国古籍中有"三礼"的称谓，即《周礼》《仪礼》和《礼记》。这是我国最早、最重要的礼仪论著，对后世影响极大。

春秋战国时期，以孔子、孟子、荀子为代表的学者更是系统地阐述了礼的起源、本质与功能。孔子是我国历史上第一位礼仪学专家。孔子曾说："不学礼，无以立。"他还积极投身于礼仪教育，以"诗、书、礼、乐教弟子，盖三千焉身通六艺者，七十有二人"。孟子也重视"礼"。正如他所说："恻隐之心，人皆有之；羞恶之心，人皆有之；恭敬之心，人皆有之；是非之心，人皆有之。恻隐之心，仁也；羞恶之心，义也；恭敬之心，礼也；是非之心，智也。仁义礼智，非由外铄我也，我固有之也，弗思耳矣。故曰：'求则得之，舍则失之。'"意思是说，"仁义礼智"这些礼仪道德不是人们受了外感而形成的，是人们本来就具有的。这显然是一种主观唯心主义的礼仪道德起源论。《论语·为政》中说："道之以正，齐之以刑，民免而无耻；道之以德，齐之以礼，有耻且格。"《荀子》道："人无礼则不生，事无礼则不成，国家无礼则不宁。"在荀子看来，礼是一种实践可行的东西，是人类清醒理智的历史产物，是社会用来维护政治秩序和规范

---

① 古人分别尊卑有多种方式，有的用服色来分别，有的用称谓来分别，有的用座次来分别。

人伦的客观需要。荀子曾讲："礼者，人道之极也。然而不法礼，不足礼，谓之无方之民；法礼，足礼，谓之有方之士。"明确指出对礼的认识和践行程度是衡量贤与不肖和高低贵贱的尺度。

在从奴隶制社会向封建社会转变的过程中，有一个"礼崩乐坏"的阶段。由于诸侯们不愿再受约束，纷纷废弃礼法，实行"法治"，从而使儒家思想四处碰壁，很不走运。

到了封建社会，礼的演进进入了礼仪时期，而且礼仪制度亦具有了新的特点，即被打上了严格的等级制度的烙印。其主要作用是维护封建社会的等级秩序。在中国，封建社会的最高统治者皇帝自命为"真命天子"，他的话就是金科玉律。朝见天子，须三跪九叩，念念有词。这些礼仪都适应了封建地主阶级等级森严的政治制度的需要。

西汉初期制定封建礼仪最知名的要数叔孙通和董仲舒。叔孙通向刘邦建议制定朝仪之礼，并召集了数十名儒生具体实施。他所制定的礼仪，突出了适应封建社会制度的特点，突出了尊君抑臣以及区分尊卑等级序列的要旨。董仲舒是儒家的饱学之士，向汉武帝刘彻提出"兴学、求贤""罢黜百家、独尊儒术"的建议。为了巩固儒家所推崇的礼仪，他进而提出了"天人感应"之说。其主要思想是，皇帝受命于天，"天不变，道亦不变"，并把这种"道"具体为"三纲五常"。他认为，天有阴阳，人也有阴阳。阳为尊贵，处于主导地位；阴为卑贱，处于服从地位。君、父、夫是阳，臣、子、妻是阴，所以君为臣纲，父为子纲，夫为妻纲，这就是"三纲"。"五常"是指仁、义、礼、智、信。非常明显，"天人感应"的理论把封建统治尤其是皇帝的权力神化了。谁要是反对皇帝，谁就是反对"天"，就是大逆不道。从此以后，神权、君权、父权、夫权构成一体，又经历了封建王朝的不断补充和翻新，使儒家封建礼教形成定制，对巩固封建统治起到了特殊作用。

宋代的礼仪在封建体制下又有了新的发展，并形成了封建礼教的又一高峰，出现了程颢、程颐和朱熹的理学，即"天理论"。这一理论认为，自然界天地万物无不体现天理，人性本质就是天理的体现。此后，理学的发展，不仅使礼教成为封建社会的正统思想，而且还向中国社会的基本单位——家庭迅速渗透，进而有了"三从""四德"（"三从"是指：在家从父，出嫁从夫，夫死从子；"四德"是指：妇德—— 一切言行都要符合忠、孝、节、义，妇言——说话要小心谨慎，妇容——容貌打扮要整齐美观，妇功——要把侍奉公婆和丈夫当

作最重要的事情来做）的礼仪道德标准，使宋代的家礼兴盛起来。

明朝大力推崇礼教，使礼仪之风盛行，并制定了祭祖、祭天、祈年等仪式仪程，规范了"君臣之礼""尊卑之礼""交友之礼"等社会活动，而且使家礼向深层发展，非常详细地规定了家庭内及亲属间各种相互关系的礼节、礼仪。各种名目的礼，诸如"忠、贞、节、烈、孝"日益繁多起来，从而使礼仪日臻完善起来。

随着列强的入侵，中国沦为半殖民地半封建社会，封建礼仪加上西方资本主义的道德观，使之形成了礼仪道德的大杂烩。

三、现代礼仪

到了现代社会，维护尊卑等级的陈旧没落的形式被废除，代之以人与人之间尊重平等的礼仪，礼仪从形式到内容都发生了很大的变化。

现代礼仪中，有许多礼仪继承了传统礼仪中的精华。如《礼记》中曾载道："言语之美，穆穆皇皇。"即语言之美在于谦恭、和气、文雅，并规定人与人交往时应"不失足于人，不失色于人，不失口于人"，也就是不要在行动上出格，不要在态度上失态，不要在语言上失礼。《论语·雍也》篇中说："质胜文则野，文胜质则史。文质彬彬，然后君子。"就是说若仅品格质朴，而不注重礼节仪表，就会显得粗野；若只注重礼节仪表，而缺乏质朴的品格，就会显得虚浮。只有外在的仪表同质朴的品格结合，才算得上是一个有教养的人。《荀子·劝学》篇中也讲："礼恭而后可与言道之方，辞顺而后可与言道之理，色从而后可与言道之致。"就是说只有举止、言论、态度均谦恭有礼时，才能从别人那里得到教诲。这些言论为现代礼仪的形成奠定了基础。还有"责己严、待人宽"，"温良恭俭让"，尊老爱幼等行为规范也都为今人所用。

现代礼仪中的一些礼节是由传统礼仪演变发展而来的，如国际上通用的握手礼。在人类还处在刀耕火种的年代时，人们狩猎、征战，手中经常拿着石块或棒棍等武器。当遇见陌生人的时候，如果大家都无恶意，就要放下手中的东西，并伸开手掌，让对方抚摸一下手掌心，以表示友好。这一习俗一直沿袭到古战场，当时打仗的骑士都着甲戴盔、全身披挂，除两只眼睛外其余都包裹得严严实实，随时准备冲向敌阵。若为了表示友好，在互相接近时，就应脱去右手的甲胄，伸出右手表示没有武器，并互相握一下，即为和平的象征。到了近、现代，若交战双方的领导人有诚意坐到谈判桌前，见面时就握手表示双方愿意和平共处。一旦签订停战协议，双方代表便握手表示和好，并含有庆贺化干戈为玉帛的意思。所以，今天人们相见或告别时，都行握手礼表示亲切的情意。

又如，今人在交际中使用名片的礼仪，其历史可以追溯到两千多年以前。名片，是个人用作交际或送友人留作纪念的一种介绍性媒介物。我国可以说是名片的故乡，秦汉时的"谒"，汉末的"刺"，六朝的"名"，唐代的"膀子"，宋代的"门状"，明朝的"名帖"，清代的"名刺"，与今天名片的作用和格式，都有很大的相似性。特别是到了清朝末年，有人就称"名刺"为"名片"。古人的"名片"除用来自我介绍外，还常题写上自己的得意诗句，以此作为社交活动中的敲门砖、见面礼，还可助酒兴，增友谊。

交际礼仪在今天的发展又呈现出新的趋势：一是形式趋简。中国古代交际礼仪中的"拜"①，就是适应古代社会慢节奏生活方式的一种致意礼节。但随着时代的变迁，为了适应当代人快节奏的生活方式，致意的礼仪便相继以握手、点头、微笑代替。二是礼仪内容日渐丰富。当代人的交往日渐频繁，范围逐渐扩大，礼仪也有很多新变化。如言语部分就增加了大量的外语词汇，而非言语交际礼仪更显示了当今科技、生产力发展水平，以及生活方式与文化思想的和谐。如现在用刊登广告、电视（台）点歌等方式祝寿、贺新婚以及电话拜年、短信微信祝福等已成为最新颖的礼仪形式。

总之，从礼仪产生和发展的轨迹可以看出：礼仪作为人们的行为模式和规范，属于社会的上层建筑，由社会的经济基础所决定，并随着经济基础的变化而变化，随着社会实践的发展而不断地丰富和发展。在任何一个阶级社会里，占有统治地位的礼仪思想和制度总是那个社会统治阶级思想和意志的体现，是为统治阶级服务的工具。而现代礼仪无疑有了质的飞跃性的进步，它最终由社会的物质生活条件所决定，并且它又将以自己特有的方式对社会的发展起着越来越重要的作用。

第三节　礼仪的基本原则

文明社会给人们造就一种安定、和谐的气氛，使人们生活得心情

---

① 中国古代有九种跪拜礼：稽首，顿首，空首，振动，吉拜，凶拜，奇拜，褒拜，肃拜。前四种是平常交往时的拜礼，后五种是特殊情况下的拜礼。

舒畅，这是因为人们都注意遵守交往的基本礼仪准则。在不同的时间和场合，针对不同的对象，人们所采用的礼仪都有所不同。但其中隐含的基本精神是一致的，即遵守公德、尊重他人、真诚、适度、守信、宽容和审美的原则。

一、遵守公德原则

《公民道德建设实施纲要》提出了"爱国守法、明礼诚信、团结友善、勤俭自强、敬业奉献"的基本道德规范。社会主义荣辱观所倡导的"八荣八耻"，实际上是崇高的道德境界。"富强、民主、文明、和谐，自由、平等、公正、法治，爱国、敬业、诚信、友善"的社会主义核心价值观，浓缩了国家、社会和公民三个层面的价值目标、价值取向和价值准则，为实现中华民族的奋斗目标和中国梦提供了理想信念上的精神支撑。礼仪如不与崇高的道德准则和价值准则相联系，便不能实现其自身的主要目的——促使人们相互尊重。讲究礼仪是人们交往中互相尊重、联络感情、增进友谊的行为，也是一种公德，即一个人公共道德修养的外在表现。礼仪的简易化、人情化越为人们所接受，其对社会人际交往行为的渗透就越深入，且对道德修养的依赖性也就越强。行为心表、言为心声是人们所共知的。礼仪如果不以社会公德为基础，不以个人的文化素质、品格修养为内涵，而只在形式上下功夫，则必定事与愿违。

二、尊重他人原则

在交往中讲究礼仪，是为了表达对别人的尊重。人们都有满足物质生活的需要，但更有获得尊重的期望，而且人们一般对尊重自己的人有一种天然的亲和力和认同感。古代哲人历来主张"仁者必敬人"（《荀子·臣道》），同时"敬让也者，君子之所以相接也"（《礼记·聘义》）。

所谓尊重原则，第一是在自尊、自爱的同时，尊重他人的人格、劳动和价值，以平等的身份同他人交往；第二是尊重他人的爱好和感情，而不应强求他人按自己的爱好和志趣来生活、行事。古语云："敬人者，人恒敬之。"俗语道："你敬我一尺，我敬你一丈。"它们表达的都是同一个含义：尊重应该是相互的。你尊重别人，别人自然会尊重你；你不尊重别人，你也就不会被别人所尊重。

三、真诚原则

真诚是人与人相处的基本态度。真诚是一个人外在行为与内在道德的有机统一。在交往中必须做到诚心待人、心口如一，而不能虚情假意、心口不一。待人真诚的人会很快得到别人的信任，而与人交往时表里不一、口是心非、缺乏真诚的人，即使在礼仪方面做得无可指摘，最终还是不会取得别人的信任。在社交场合，并非每个人都能有优美的姿态、潇洒的风度、得体的谈吐，即使懂得该怎样做也不见得人人都能够做得十分完美。但是，只要以真诚为原则，并处处体现出来，使与你交往的每个人都能感到你所做的一切是发自内心的、真诚的，你就能赢得友情，广交朋友。真诚友善、相互尊重的朋友关系更是构建和谐人际关系的重要内容。正如苏格拉底所言："不要靠馈赠来获得一个朋友，你须贡献你诚挚的爱，学习怎样用正当的方法来赢得一个人的心。"

四、适度原则

适度是指在施行礼仪过程中，必须熟悉礼仪准则和规范，注意保持人际交往的距离，把握与特定环境相适应的人们彼此间的感情尺度、行为尺度，以建立和保持健康、良好、持久的人际关系。

遵循适度原则亦有多方面的要求，首先应该感情适度。在与人交往时，既要彬彬有礼，又不能低三下四；既要热情大方，又不能轻浮谄谀。其次应该谈吐适度。在与人交谈时，既要诚挚友好，又不能虚伪客套；既要坦率真诚，又不能言过其实。最后应该举止适度。在与人相处时，既要优雅得体，又不能夸张造作；既要尊重习俗，又不能粗俗无礼。正如培根所言："礼貌举止正好比人的穿衣，既不可太宽，也不可太紧。"

五、守信原则

守信就是指在人际交往中要讲真话，并遵守诺言，实践诺言。古语说："人而无信，不知其可也。"儒家直接把信用作为重要的美德（"仁""义""礼""智""信"）之一。孔子所说"民无信不立""与朋友交，言而有信"，强调的是要守信用。信用是忠诚的外在表现，反映了一个人行为的规律性和稳定性。这如同物体的运动规律一样，当物体向一个方向运动时，根据其惯性就可以知道它继续运动的方向；

而根据火车时刻表，人们可以按计划在预定的时间内到达预定的地点。在交往中，一个讲信用的人能够做到前后一致、表里一致、言行一致，人们可以根据他的言论去判断他的行动、预测他的行为，以促进交往正常发展。因此，许多礼仪都体现了守信用这一基本精神。如遵守约定的时间，遵守对别人的承诺，言必信、行必果，不失信于人。

六、宽容原则

宽容是指心胸宽广，忍耐性强。"海纳百川，有容乃大。"一个有着宽阔胸怀的人往往能做到对别人宽容，易于博得他人的爱戴和敬重。正如孔子所言："宽则得众。"

宽容是与民主、平等、独立相关的，是民主社会的伴随物。随着商品经济的发展，人们之间交往的范围日益扩大，而社会节奏的加快、价值观的变迁、技术的发明、经济的活跃、思想的冲突都需要人们有更大的相容度，以接纳各种不同观点、不同现象及不同性格的人。

宽容原则包括：①严以律己。就是要树立一种道德信念，规范行为准则，不断提高自我约束、自我克制的能力，自觉按礼仪规范去做，遵信守约，以礼待人。②宽以待人。就是要做到将心比心，多体谅他人。在交往中，每个人的思想、品格及认识问题的水平总是有差别的，我们不能用一个标准去要求所有的人，而要宽以待人，这样才能化解发生在日常生活中的人际冲突。③大事清楚，小事糊涂。对于日常交往中的一些非原则的琐事、小的摩擦不要斤斤计较。④有理时也要让人。

七、从俗原则

"百里不同风，千里不同俗。"不同的文化背景，产生不同的礼仪文化，不同的地域文化决定着礼仪的内容和形式。"入国问禁，入乡问俗。"这就要求人们在交往中不能只以自己为标准，必要时坚持入乡随俗，与绝大多数人的习惯做法保持一致。这同时也体现了尊重民族文化和地域文化的差异。正如美国礼仪学家罗杰·艾克斯泰尔所说："好的举止在他国也会是失礼的行为，入乡随俗是国际上人与人交往的最重要的规则。"

八、审美原则

我们之所以把审美标准作为现代礼仪的一个原则，是因为：审美的结果，反映了社会进步；"爱美之心，人皆有之"；审美的目的是要达到真、善、美的统一。社会的发展，科学的进步，已经使真、善、美打破了界限，你中有我，我中有你，彼此结合，浑然一体。按照美的要求来建设今天的世界，已为越来越多的人所接受；而按美的要求来设计人际关系，也已成为人们所乐于接受的一种生活准则。

第四节　礼仪的作用

讲究礼仪是社会文明的一种体现。讲究礼仪、尊重他人，是一个人精神状态、文化教养和道德水平的反映。古人云："国尚礼则国昌，家尚礼则家大，身尚礼则身正，心有礼则心泰。"可见，礼仪在社会生活中的地位和作用何等重要。

一、促进社会主义精神文明建设

礼仪属于文化范畴，是构成社会精神文明的基本要素，是人们观察、了解精神文明建设的着眼点，也是纯净社会、清正风化的有效措施。

《论语·为政》中说："道之以正，齐之以刑，民免而无耻；道之以德，齐之以礼，有耻且格。"这段话的大意是，使用国家政权推行一种道，并用国家刑律惩处不遵守者，老百姓想的是如何逃避惩处而不管行为对错和荣辱；以德来推行道，以礼来驯化人，老百姓就懂得对错和荣辱并会自觉遵守。这便十分清楚地说明了礼的社会作用和效果。《管子》中有一句话说得更明白、更直接："礼义廉耻，国之四维。"将礼列为立国四精神要素之首，其突出的社会作用更是不言而喻。

讲究礼仪的行为是文明行为，而文明行为是人类历史发展的产物和要求。个人是社会最基本的细胞。全社会的文明程度，取决于每个细胞的文明状况：大多数细胞文明，文明就会蔚然成风。我们倡导的文明礼貌，是以人与人之间的平等关系为原则、以对人的尊重和关怀为基础的，要求人们努力做到内在心灵美与外在语言美、仪表美的和谐统一。礼节、礼貌反映了社会的文明程度及公民的精神面貌，同时又作用于道德建设，形成一种具有约束力的道德力量，要求社会成员按社会的期望将自己的言行纳入符合时代之礼的轨道，使人们自觉地

按照社会效益，选择符合时代风尚的言行，唾弃违背社会和民族文明的陋习。讲文明、重礼仪是加强社会主义思想道德建设的重要举措，是践行社会主义荣辱观和社会主义核心价值观的重要方面，是国家软实力的重要内容。礼仪作为中国传统文化的核心，完全可以为社会主义精神文明建设和再塑中华民族的形象服务。"厚德载物""德行天下"。只要我们共同努力，一定能够汇涓流而成江海，积小善而成大德。一个拥有五千年优良传统的礼仪之邦，一定会以更加自信、更加文明的形象屹立于世界民族之林。

二、调节人际关系

礼仪是社会活动中的润滑剂，是联络人们感情的纽带、沟通人际关系的桥梁，对营造一个平等、团结、友爱、互助的新型人际关系的环境起着不可忽视的作用。

礼仪所表达的意义主要是尊重。尊重可以使对方在心理需要上感到满足、愉悦，进而产生好感和信任。对此，英国哲学家约翰·洛克曾有过一段论述：礼仪是在他的一切别种美德之上加上的一层藻饰，使它们对他具有效用，去为他获得一切和他接近的人的尊重和好感。没有良好的礼仪，其余的一切成就都会被人看成骄傲、自负、无用和愚蠢。美德是精神上的一种宝藏，但是使它们生出光彩的则是良好的礼仪；凡是能够受到大家欢迎的人，他们的动作不但要有力量，而且要优美……无论做什么事情，必须有优雅的方法和态度，才能显得漂亮，赢得别人的喜悦之情。

通过完备的礼仪，可以联络人与人之间的感情、协调上下左右的关系，使一切不快烟消云散、冰消雪融。正如伊丽莎白女王所说："礼节乃是一封通行四海的推荐书。"约翰逊所说："礼貌像只气垫，里面可能什么都没有，却能奇妙地减少碰撞。"

三、教育自己，影响他人

礼仪是一种高尚、美好的行为方式，通过评价、劝阻、示范等教育形式纠正人们不良的行为习惯，倡导人们按礼仪规范的要求去协调人际关系，维护社会正常生活。遵守礼仪原则的人客观上也起着榜样的作用，无声地影响着周围的人。人们可以在耳濡目染之中，接受教育、净化心灵、陶冶情操、匡正缺点、端正品行。

四、更好地表现个人价值

人生价值的展示过程即表现自我的过程。一个人在其生命的主要时期，不论从事什么职业，也不论其信仰、观念、思想有何不同，都在自觉或不自觉地表现着自己。"言谈举止见文化""小节之处显精神"。礼仪教育不仅是一种礼貌教育，还是一种素质、人格的教育。礼仪规范能最大限度地帮助人们成功地完成这一任务，找到实现自我价值的最优表现形式。合于礼的行为，拥有道德原则的支撑，又能够涵养道德情操，提升人的素养，是个人完善自我的重要阶梯。

[思考题]

1. 什么是礼貌？什么是礼节？什么是礼仪？
2. 礼仪有哪些特点？
3. 礼仪有哪些原则？
4. 礼仪有哪些作用？
5. 你对中国是"礼仪之邦"这一美称如何认识？

第 二 章
仪表、仪容和仪态

第一节　仪表美

一、仪表美的概念

仪表，指人的外表。一般来说，它包括人的容貌、服饰和姿态等，是一个人的精神面貌、内在素质的外在体现。在古代，仪表包含两个方面的含义：一为表率，如《管子·形势解》所说"法度者，万民之仪表也"；二为容貌，如《宋史·杨承信传》道"承信身长八尺，美仪表，善持论，且多艺能"。在现代社会中，人们通常用仪表端庄、容貌俊秀、风度翩翩、举止潇洒等来赞扬一个人的仪表美。

仪表美是一个综合概念，它包含三个层次的意思：

（1）仪表自然美。它是指人的容貌、形体、体态的协调优美。如体格健美匀称，五官端正秀丽，身体各部位比例协调，线条优美和谐。这些先天性的生理要素，是仪表美的基本条件。

（2）仪表修饰美。它是指经过修饰打扮及后天影响形成的美。天生丽质令人羡慕，但这种幸运不是每个人都能拥有的。因此，人们大都可以通过化妆、服饰、外形设计等来扬其长，避其短，塑造出美好的个人形象。

（3）仪表内在美。它是指一个人高尚美好的内心世界、高雅的气质和蓬勃旺盛的生命力的外在体现，是仪表美的本质。真正的仪表美是内在美与外在美的和谐统一，"秀外慧中""诚于中而形于外"，是内在美的一种自然展现。

仪表的总体要求可概括为48个字：

容貌端正，举止大方；
端庄稳重，不卑不亢；
态度和蔼，待人诚恳；
服饰规范，整洁挺括；
打扮得体，淡妆素抹；
训练有素，言行得当。

二、注重仪表美的意义

（一）可以给人留下美好的第一印象

在最初的交往中，人们总是通过仪表彼此相识，进而相互了解、建立情感的。人们可以通过仪表来推断一个人的身份、学识、能力、性格、态度等，并据此来决定接受对方的程度，因为第一印象形成的心理定式常常是很难改变的。美国著名管理学博士蓝斯登曾这样描述过：一个人给人的初步影响力几乎永远是视觉上的。在我们真正了解一个人之前，我们早在第一眼看到他时，便形成了对他的看法。如果他的样子顺眼，我们就会在他身上寻找其他的好的特质；如果他的样子不讨人喜欢，我们会倾向于探索他不良的特质，以便支持我们的第一次判断。一个人给人的第一印象是难以泯灭的。

（二）自尊自爱的体现

爱美之心，人皆有之。衣着整洁美观，仪态端庄大方，既体现了一个人良好的精神风貌，同时又是一个人自尊自爱的表现。如果一个人衣冠不整、不修边幅，会被人认为是作风拖沓、生活懒散、社会责任感不强，因而难以得到人们的信任。仪表美还体现了一种安全感，一种认真的作风，一种自信、热情、向上的精神风貌。

（三）尊重他人的需要

注重仪表是讲究礼节、礼貌的表现，是对他人的一种尊重。仪表美不仅能满足他人审美的需要，而且能使他人感到自己的身份地位得到了应有的承认，因而求尊重的心理也自然会得到满足。同时，注重仪表还可促使人们在思想上、情感上进行沟通，有利于相互增进了解和友谊。

第二节　服饰礼仪

服饰是一种文化，可以反映一个民族的文化素养、精神面貌和物质文明发展的程度；服饰又是一种"语言"，能反映出一个人的社会地位、文化修养、审美情趣，也能表现出一个人对自己、对他人以至于对生活的态度。得体的服饰有一种无形的魅力，可以使一个人平添光彩。

一、着装的原则

（一）TPO 原则

T、P、O 分别是英语中 time、place、object 三个单词的首字母。"T"指时间，泛指早晚、季节、时代等；"P"代表地方、场所、位置、职位；"O"代表目的、目标、对象。TPO 原则是目前国际上公认的衣着标准。只有当我们的着装遵循了这个原则的时候，它才是合乎礼仪的，才能给对方以可敬、可信、可亲的感觉。

（二）三色原则

三色原则是选择正装色彩的基本原则。它要求全身正装的色彩在总体上应当以少为宜，最好将其控制在三种色彩之内，而且以一种颜色为主色调。正装的色彩若超出三种色彩，一般都会给人以繁杂、低俗之感。灰、黑、白三种颜色在服装配色中占有重要地位，几乎可以和任何颜色相配并且都很合适。

（三）整体性原则

正确的着装，能起到修饰形体、容貌等作用，形成一种和谐的整体美。服饰的整体美的构成因素是多方面的，包括人的形体和内在气质，服饰的款式、色彩、质地、工艺及着装环境等。服饰美就是从这多种因素的和谐统一中显现出来的。正如培根所说："美不在部分而在整体。"也就是说，如果孤立地看一个事物的各个部分可能都不美，但从整体看却可能显得很美。

（四）个性化原则

着装的个性化原则，主要指依个人的性格、年龄、身材、气质、爱好、职业等要素，力求在外表上反映一个人的个性特征。而现代人的穿着风格主要讲求美观、实用、突出个性，因此，服饰也就呈现出越来越强的表现个性的趋势。

选择服装要因人而异，其着重点在于展示所长，遮掩所短。各式服装有各自的风格和内涵，只有个性化的着装，才能在人与物和谐统一的同时显现其独特的个性魅力，塑造、展示出最佳形象和风貌。

（五）整洁原则

在任何情况下，服饰都应该是整洁的。不能沾有污渍，衣领和袖口处尤其要注意，扣子等配件应齐全，衣服不能有开绽的地方，更不能有破洞。

二、着装的技巧和要求

（一）着装应满足扮演不同社会角色的需要

人们的社会生活是多方面、多层次的，在不同的社交场合，扮演着不同的社会角色。因此，人们的仪表、言行必须符合他的社会角色的需要，才能被人理解、被人接受。

（二）着装要和肤色、形体、年龄相协调

不同的人，身材有高矮，体形有胖瘦，肤色有深浅，因此穿着理当因人而异，扬长避短。鲁迅先生虽不是专门的美学家，但他很懂得服装美学。他说过：人瘦不能穿黑衣服，人胖不要穿白衣裳；脚长的女人一定要穿黑鞋子，脚短的就一定要穿白鞋子；方格子的衣裳胖人不能穿，但比横格子的还好些，横格子的衣裳，胖子穿上身材更显宽了。胖子要穿竖条子的衣服，竖条子使人显瘦。肤色较深的人穿浅色服装，会获得相对好的色彩效果；肤色较白的人穿深色的服装，更能显出皮肤的细洁柔嫩。又如在造型上，通过款式的设计，可以弥补人体比例不匀称的缺点。肩胛窄小的人，宜选择有衬肩的衣服，但如果膀大肩宽，则以无肩为好。腰粗的人应选择肩部较宽的衣服，以产生肩宽腰细的效果。腿较短的人，可以选择上衣较短、裤稍长的服装；腿较粗的人，宜穿上下同宽的深色直筒裤、过膝的直筒裙，不宜穿太紧的裤、太短的裙。颈长的人，适合穿领较高的服装，颈短的人可选择无领或低领的款式。胸部较小者，宜穿水平条纹的上衣，开细长缝的领口，并在衣服门襟处点缀些波浪边或荷叶边，以掩盖胸部扁平的缺陷等。总而言之，不能抽象地议论服装的美与丑，只有与本人的形体条件相协调，使之具有配色美、造型美和时代气息，才能分出美丑来。

服装能体现年龄的特征，也是着装是否得体的重要标志。一套深色中山装，穿在中老年人身上，会显得成熟、稳重，而穿在年轻小伙

子身上，也许就有点老气横秋。少女穿超短裙，会显得朝气蓬勃，热烈奔放，但如果少妇打扮成少女模样，不仅失去了成熟的美，而且还会给人一种轻佻之感。

（三）着装应注意色彩的搭配

色彩的感觉在一般美感中是最为大众化的，因而着装色彩选择得当及色彩搭配和谐往往能产生强烈的美感，给人留下深刻的印象。在日常生活中，根据礼仪的需要和自己的特点，选择适当的服装色彩并进行合理搭配，是美化着装的重要手段。

1. 色彩的视觉效果

色彩浓淡给人的感觉不同，浅淡的亮色给人以轻快的感觉，而深暗色则使人感到凝重、沉稳。应该根据礼仪场合的需要和自己的性格特征，来选择适合自己的服装色彩。

色彩能给人造成扩张或收缩的感觉。明亮的颜色会造成扩张感，深暗的色彩会造成收缩感。因此，体形较胖者，一般宜选用冷色系列的服装。

色彩还能造成华丽感或质朴感。明亮的色彩给人以华丽感，深暗的色彩则给人以质朴感。应根据礼仪场合的需要，选择自己喜欢且适合自己的服装。

2. 服装色彩的搭配

服装色彩的搭配，既要考虑到身材、肤色等因素，也必须注意服装本身色彩的和谐。俗话说"没有不美的色彩，只有不美的搭配"，可见搭配的重要性。色彩搭配的方法有两种，即亲色调和法和对比色调和法。

（1）亲色调和法是将色调相近似，但深浅浓淡不同的颜色组合在一起的配色方法。具体方法有同种色调和、类似色调和、主色调和三种。

（2）对比色调和法是将对比色进行搭配，使之对立，既突出各自的特征，同时又相映生辉的配色方法。具体方法有两色对比调和、三色对比调和两种。

（四）选择得体的服装款式

（1）正式服装。这是指在正规的、隆重的场合穿着的服装。男士的正式服装主要有西服套装、中山装、制服及民族服装。女士的正式服装主要有西服套裙、旗袍、连衣裙及民族服装。其风格应高贵、华丽、庄重，以显示对所参加活动的重视和对主人的尊重。

（2）工作服装。这是指在工作时间和工作场合必须穿着的服装。其风格应实用、大方、简洁、美观，并与工作性质相符，以显示职业身份并方便工作。

（3）便装。这是指外出旅游或休闲时穿着的服装。其风格应为宽松、舒适、洒脱，以显示恬淡、轻松的格调和心情。

（五）西装的穿着规范

随着经济的发展和世界各国人民的友好交往，西装已成为当今国际上最标准的通用礼服，它能在各种礼仪场合穿着。其具体的礼仪规范为：

（1）西装的套件。西装有单件上装和套装之分。非正式场合，可穿单件上装配以各种西裤或牛仔裤等；半正式场合，应着套装，可视场合气氛在服装的色彩、图案上大胆选择；正式场合，则必须穿颜色素雅的套装，以深色、单色为宜。

（2）衬衫。与西装配套的衬衫须挺括、整洁、无皱褶，尤其是领口；衬衣袖子应以抬手时比西装衣袖长出 2 厘米左右为宜，衬衣的领子应略高于西服领子，衬衫下摆要塞进西裤。如不系领带，可不扣领扣。

（3）领带。领带必须打在硬领衬衫上，要与衬衫、西服和谐，其长度以到皮带扣处为宜。若内穿毛衣或背心等，领带必须置于毛衣或背心内，且衣服下端不能露出领带头。领带夹是用来固定领带的，其位置不能太靠上，以从上往下数衬衫的第四粒纽扣处为宜。

衬衫的领子式样与领带的结法有着密切的关系，公认的原则是：窄领通常打单结，有领扣的衬衫用准温莎式，宽领衬衫用温莎式。以下介绍领带的三种结法：普通（单结）型、温莎型、准温莎型。如图 2 - 1 所示。

（4）西装的纽扣。西装有单排扣和双排扣之分。双排扣西装，一般要求将扣全部扣好；单排扣西装，若是三粒扣子的只系中间一粒，两粒扣子的只系上面的一粒，或者全部不扣。

（5）西装的帕饰。西装的胸袋又称手帕兜，用来插装饰性手帕，也可空着。手帕须根据不同的场合折叠成各种形状，插于西装胸袋。

（6）西装要干净、平整，裤子要熨出裤线。

（7）穿西装一定要穿皮鞋，且要上油擦亮，皮鞋的颜色要与西装相配套。穿皮鞋还要配上合适的袜子，使它在西装与皮鞋之间起到一种过渡作用。

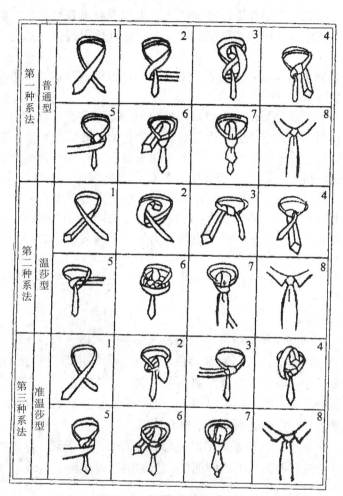

图 2-1　领带系法示意图

三、饰品的选择与佩戴

（一）首饰

佩戴首饰也应该遵守 TPO 原则，具体要求是：

（1）佩戴首饰要注意场合。只有在交际应酬时，佩戴首饰才最合适；上班时间以不戴或少戴首饰为好；从事劳动、体育活动和出席会议时也不宜戴首饰。

（2）佩戴首饰要与服装及本人的外表相谐调。一般穿较考究的服装时，才佩戴昂贵的首饰；穿运动装、工作服时不宜戴首饰。胖脸型的女人不宜戴大耳环，戴眼镜的女士不宜戴耳环，圆脸型的女士戴项链应加个挂件。

（3）佩戴首饰要考虑性别因素。女士可以戴各种首饰，男士则只宜戴结婚戒指。

（4）佩戴首饰要注意寓意和习惯。项链是平安、富有的象征，应根据身材和个性特点，选择适当的款式和色彩。戒指是首饰中最明确的爱情信物，佩戴戒指可显示一个人的婚姻状况：戴在食指上表示求婚，戴在中指上表示正在恋爱中，戴在小指上则表示是独身主义者。戒指一般只戴一枚，而且戴在左手上。手镯或手链如果在左手腕或左右两腕上同时佩戴，表示佩戴者已经结婚；如果仅在右手腕上佩戴，则表明佩戴者是自由而不受约束的。另外，手镯或手链的戴法还因各民族的习俗不同而有所区别。中国人习惯将手镯或手链戴在右手上，而一些西方人则习惯戴在左手上。一般女士佩戴手镯或手链就不用戴手表。

（二）饰物

（1）围巾和帽子。围巾、帽子若与服装的风格一致，可增加整体的形象美。在冬季，人们的服装色彩较暗，可以用颜色鲜艳的围巾、帽子点缀。如果服装颜色很艳丽，可用颜色素雅的帽子、围巾以求得一种色彩的平衡。帽子还可以用来修饰脸型，长脸形的人宜戴宽边或帽檐下垂的，脸宽的人则应戴小檐高顶帽。

（2）手提包。一般要求手提包与服装的颜色相谐调。夏季拎包应轻巧，冬天提包的颜色可以鲜明些；草编的手提包配上运动衫或棉布便装就十分自然得体。

（3）眼镜。如今，眼镜已不只是医疗保健用品，它不仅能保护眼睛，还是一种饰品。一副精美的金边眼镜会给人增添几分斯文气，而大框架的眼镜则显示出一种豪放气派。

（4）胸花。胸花有金属的、塑料的、镶嵌宝石的，还有用与衣服料子相同的呢绒做的，很有情趣。女子佩戴胸花没有一定的原则，只要看上去不刺眼就行。

（5）手帕。作为一种饰物，在西装左上边口袋里，露出折成三角形、双尖形、花瓣形等形状的手帕，能给人平添几分风度。

第三节　仪容修饰

仪容一般指人的面部和头部。对仪容的修饰即对人的面部与头发的修饰，通过修饰以展现淡雅清秀或健康自然的富有个性的容颜。

一、面部修饰

（一）了解皮肤类型，选择适当的化妆品

人的面部肌肤可以分为中性、油性、干性、混合性和过敏性五种类型。中性皮肤表面光滑润泽，是较理想的皮肤；油性皮肤表面油亮，毛孔粗大，易生粉刺；干性皮肤皮脂分泌少，毛孔细小，皮肤缺少弹性，易生皱纹；混合性皮肤的额、鼻、下巴等部位为油性皮肤，其他部分为干性皮肤；过敏性皮肤对某种物质较为敏感，一经接触就会出现红肿、丘疹、痒痛等症状。皮肤的类型将随年龄的增长而改变，如油性皮肤将逐渐变为干性皮肤。

市场上化妆品种类繁多，而且更新较快。选择化妆品时，应选择适合自己皮肤的，不要盲目使用。

（二）化妆的一般技巧及化妆的步骤

（1）清洁面部。对于面部的清洁，可选用清洁类化妆品去除面部油污，然后再用清水洗净。化妆后颜面的靓丽程度、保持效果与皮肤的洁净程度成正比，即皮肤越洁净妆面效果越好。在基面化妆（打粉底）前，应在清洁的面部涂上护肤类化妆品。使用此类化妆品的好处在于润泽皮肤、保护皮肤、易于上妆，而且上妆后不易脱落。

（2）基面化妆。目的是调整皮肤颜色，使皮肤平滑。化妆者可根据自己的皮肤选择合适的粉底，并根据面部的不同区域，分别敷深、浅不同的底色，以增强脸部的立体效果。

（3）眉毛的整饰。整饰眉毛时，应根据人的脸型特点，确定眉毛的造型。一般是先用眉笔勾画出轮廓，再顺着眉毛的方向一根根地画出眉型，最后把杂乱的眉毛拔掉。

（4）涂眼影、画眼线。眼影有膏状与粉质之分，颜色有亮色和暗色之别。亮色的使用效果是突出、宽阔；暗色的使用效果是凹陷、窄小。眼影的亮、暗搭配，可以强调眼睛的立体感。涂眼影时，应在贴睫毛的部位涂重些，两个眼角的部位也应涂重些。宽鼻梁者涂在内眼角上的眼影应向鼻梁处多延伸一些，鼻梁窄者则少延伸一些。

画眼线的作用主要是突出眼睛的轮廓，增加眼睛的外观效果。画眼线要注意上下眼线的区别，一般是上眼线比下眼线画得长、粗、深些。

（5）涂腮红。涂腮红的部位以颧骨为中心，根据每个人的脸型而定。长脸形要横着涂，圆脸型要竖着涂，但都要求腮红向脸部原有肤色自然过渡。颜色的选用，要根据肤色、年龄、着装和场合而定。

（6）涂口红。涂口红时，先要选择口红的颜色，再根据嘴唇的大小、形状、薄厚等用唇线笔勾出理想的唇线，然后再涂上口红。唇线要略深于口红色，口红不得涂于唇线外，唇线要干净、清晰，轮廓要明显。

化妆后要全面检查，尽量少显露修饰痕迹。主要看你的化妆与衣着、发型是否相宜，与你自己的年龄、身份、气质等是否相称。

（三）化妆礼仪

（1）化妆的浓淡要视时间、场合而定。在工作时间（白天）、工作场合，或者参加面试等，只能化淡妆。若浓妆艳抹，与工作环境不相协调，会让人觉得过分招摇、举止轻浮、工作不认真。若参加晚宴、舞会则可化浓妆。

（2）不当众化妆。当众化妆是非常失礼的，是对他人的妨碍，也是对自己的不尊重，还会让人感到你不务正业。如果需要修饰的话，应到无人处或在洗手间进行。

（3）不要非议他人的化妆。由于民族、文化传统的不同，个人审美情趣的不同，以及肤色上的差异，每个人化的妆不可能都一样，所以，切不可对他人的妆容评头论足。

（4）不要借用他人的化妆品。借用别人的化妆品，不仅不卫生，而且也不礼貌。

二、发型修饰

发型修饰就是在头发保养、护理的基础上，修剪出一个适合自己的发型。男性头发前不盖眉，侧不掩耳，后不及领。女性根据年龄、职业、场合的不同，梳理得当。美观、恰当的发型会使人精神焕发，充满朝气和自信。

（一）根据脸型选择发型

恰当的发型设计能起到修饰脸型的作用。人的脸型可分为椭圆脸

（俗称"瓜子脸"）、圆脸、长脸、方脸四种。椭圆脸是东方女性的标准，可选任意发式；圆脸型的人应将头顶部的头发梳高，并设法遮住两颊，使脸部看起来显长不显宽；长脸形的人，应将刘海向下梳，遮住额头，两侧的头发要蓬松，以减少脸的长度；方脸型的人，可让头发披在两颊，掩饰棱角，使脸部看上去圆润些。

（二）根据身材选择发型

根据自己的体形（高、矮、胖、瘦）选择发型也是很重要的。高身材以中长发或长发为宜，如果身体瘦高，则头发轮廓以圆形为宜；如果身材高且胖，则头发轮廓应保持椭圆形为宜；矮身材以留短发为宜，或将头发高盘于头顶。

（三）根据职业和环境选择发型

商界男士可选择青年式、板寸式、背头式、分头式、平头式等发型；职业女性的发型应文雅、庄重；公关小姐的发型应新颖、大方；而参加宴会或舞会时，发型则可以高雅、华丽。

（四）根据年龄选择发型

少年应以自然美为主，不宜烫发、染发；青年人发型多样，短、中、长发式或直发式均可；中年人宜选择整洁简单、大方文雅、线条柔和的发型；老年人则应选择庄重、简洁、朴实、大方的发型。

（五）根据发质选择发型

有些发型从年龄、身材、脸型等方面考虑都适合自己，但如果发质不合适，也不会有好的效果。

第四节　仪态举止

举止是一种不说话的语言。它真实地反映了一个人的素质、受教育程度及能够被人信任的程度。培根有句名言："相貌的美高于色泽的美，而优雅合适的动作美又高于相貌的美，这是美的精华。"举止包括人的站姿、坐姿、表情以及身体展示的各种动作。大方、得体、优雅的举止，不仅可以塑造自身美好的形象，而且还可以使各种礼仪表现得更充分、更完美。

一、正确的站立姿势

人的正常站姿，也就是人在自然直立时的姿势，即所谓的"站有站相"。其标准的站立要求是：上半身挺胸收腹，腰直、双肩平齐、舒展，精神饱满，双臂自然下垂（双手有侧放式、前腹式、后背式站姿），两眼平视，嘴微闭，面带笑容；下半身双腿直立，身体重心在两脚之间。女士的双膝和双脚要靠紧，双脚也可调整成"V"字形；男士的双脚可稍分开点儿距离，但不宜超过肩宽，双脚也可调整成"V"字形。

由于日常生活的不同需要，人有多种站立姿势。如教师和营业员的站立姿势常常采取有依托和支撑的办法来减少对腿的压力——教师常常把双手撑在讲桌上，营业员则把双手扶在柜上。但无论何种站立姿势，都不宜将手插在裤袋里或交叉在胸前，更不要下意识地做小动作，切忌东倒西歪，耸肩勾背，或倚墙靠桌，双腿交叉等，这样会破坏自己的形象。

二、正确的坐姿

坐姿同样有美与丑、优雅与粗俗之分。正确的坐姿能给人一种安详庄重的感觉，因此，要"坐有坐相"，做到端正、舒展、大方。

中国古代人的坐姿①是双膝着地，臀部压在脚跟上。现在有些少数民族仍采用这种坐姿，还有一些地方的人采用盘腿而坐的姿势。但由于凳、椅、沙发等的广泛使用，这些坐姿已不多见。

正确的坐姿有如下要求：入座时，要轻要稳，从座位的左边入（左边出），只坐椅子的三分之二，不要坐满或只坐一点边儿。女子入座时，若是裙装，应用手将裙子稍微拢一下。坐定后，身体重心垂直向下，上身保持正直，两眼平视，目光柔和，可将右手搭在左手上，轻放于腿面，双膝自然并拢，双腿正放或侧放，双脚并拢或交叠。男士可双手掌心向下，自然地放在膝上，亦可放在椅子或沙发扶手上，双脚可略为分开。在同左右客人谈话时，应有所侧重，即上体与腿同时转向一侧。

坐时不要将双手夹在腿之间或放在臀下，不要将双臂端在胸前或抱在脑后，也不要将双腿分开过宽或将脚伸得过远，腿脚不要不停地

---

① 古人席地而坐，很讲究坐的姿势。两膝着地，臀部落在脚跟上，姿势安适，叫作"坐"。如果臀部离开脚跟，伸腰及股，以示恭敬，叫作"跪"。将臀部抬起，上身挺直，准备站起，同时又表示尊重，叫"跽"，也叫"长跪"。上身据物，重足而坐，叫"踞"。与踞相近，但不据物重足，而是竖膝而坐，叫作"蹲"。最随意轻慢的方式是臀部着地，两腿平伸张开，上身与腿成直角，状如簸箕，叫作"箕踞"，也称"箕坐"，是最失礼的坐式。

抖动，也不可跷二郎腿。

三、正确的走路姿势

走路，是人体用自身的能量产生位移的方法之一。在体育运动中走的姿势有许多，如齐步走、正步走、竞走等。我们这里讲的是一般生活中的走路姿势。由于性别、性格的原因以及美学的要求，男女的步态应该是有区别的。男性走路以大步为佳，女性走路以碎步为美。

男性走路的姿态应当是：昂首，闭口，两眼平视前方，挺胸，收腹，直腰，上身不动，两肩不摇，两臂在身体两侧自然摆动，两腿有节奏地交替向前迈进，步态稳健有力，显示出男性刚强、雄健、英武、豪迈的阳刚之美。

女性走路的姿势应当是：头部端正，不宜抬得过高，两眼直视前方，上身自然挺直收腹，两手前后摆动且幅度要小，以含蓄为美，两腿并拢，碎步前行，应走直线，步态要自如、匀称、轻盈，显示女性庄重、文雅的阴柔之美。

无论男女，走路都应注视前方，不要左顾右盼，不要回头张望，不要总是盯住行人打量，更不要一边走路一边指指点点地对别人评头论足，这不仅有伤大雅，而且也不礼貌。走路时脚步要干净利索，有鲜明的节奏感。不可把手插在衣服口袋里，尤其不要插在裤袋里，也不要抔腰或倒背着手，这些都很不美观。

几个人一起走路，应该使自己的步伐与他人的步伐协调一致，既不要走得过快，一个人遥遥领先，也不要走得过慢，孤单单地落在后面，显得与众人格格不入。明显地超前或落后，无非是为了表现自己的不满情绪，是一种无声的抗议，这在社交场合是应当避免的。与上司同行，原则上应该在上司的左边或后面走。男女同行，则没有上下级关系，男性必须迁就女性。上下楼梯、开门或在黑暗处男性均应走在女士前面，以便给予照顾。一般情况下行走，理应谦让。如在狭窄过道上需超越前面的人或必须从正在站立谈话的人中间穿过时，要先说声"对不起，请让我过一下"。如与上司、女士相遇，则应站住让路，这是礼貌。

脚步的强弱、轻重、快慢、幅度及姿势，必须同出入场合相适应。在室内走路要轻而稳；在花园里散步要轻而缓；在病房里或阅览室里走路要轻而柔；在婚礼上的步子要迈得欢快、轻松；在接受检阅时，步子则要雄壮有力、整齐划一，显得精神饱满……总而言之，步态要因地、因人、因事而异。

由于表情和身体展示的各种动作在本书第六章中有专门叙述，这里不再赘述。

[思考题]

1. 如何理解仪表美的含义？
2. 选择服装的 TPO 原则是什么？
3. 简述化妆的技巧和步骤。
4. 正确的站姿、坐姿和走路姿势的具体要求有哪些？

第三章

相识礼仪

第一节　介绍礼仪

一、介绍的作用

介绍是人们在社交活动中的重要环节，是人与人相识的最基本形式。介绍的作用在于：其一，它能缩短人与人之间的距离，不相识的人通过介绍后，隔阂感会逐渐被亲近感所取代；其二，它能帮助人们扩大社交圈子，结识新朋友，加快对彼此的了解；其三，通过介绍还可以消除误会。

二、介绍的类型

介绍有各种各样的方式，如果按社交场合的正式与否来划分，可以分为正式介绍和非正式介绍；如果按被介绍者的人数来划分，可以分为集体介绍和个别介绍；如果按介绍者所处的位置来划分，可以分为自我介绍和他人介绍；如果按被介绍者的身份、地位、层次来划分，可以分为重点介绍和一般介绍；如果按被介绍对象的性质来划分，可以分为商业性介绍、社交性介绍和家庭成员介绍等。

三、介绍的原则

在正式场合为他人做介绍时，有一个基本原则，即应该受到特别尊重的一方有了解的优先权。国际上一般惯例是把身份低的介绍给身份高的，把年轻的介绍给年长的，把男士介绍给女士，把未婚的介绍给已婚的。介绍时，先提某人的名字是对他的一种敬意，这是一条准则。

四、介绍的方法和礼仪

（一）自我介绍

在自我介绍时，应该记住"3P"原则：Positive（自信），Personal（个性），Pertinent（中肯）。要求介绍的语言既要简洁明了，又能使对方从你的介绍中找出继续谈下去的话题；既要使对方通过你的介绍对你有所了解，又不使对方觉得你是在自吹自擂。其基本程序应该是：先向对方点头致意，得到回应后再向对方介绍自己，同时递上事先准备好的名片。

（1）谐音式。这是利用字词的音相同或相近的方法来进行自我介绍的一种方式。比如："人人都知道这样一句话'理解万岁'，本人就叫李杰（理解），希望我们能成为朋友，达到心灵上的沟通和相互理解。"

（2）矛盾式。这种方式主要用来表现介绍者介绍的某些内容与现实相矛盾的情况。比如："我很荣幸，因为我叫张忠良，是一位忠厚善良之人；但我又非常不幸，因为我与电影《一江春水向东流》中那个忘恩负义的张忠良同名。不过，请大家相信我，我是一个重情重义的人。"

（3）自嘲式。这是一种以介绍者自身为对象进行的嘲笑似的介绍，以达到更为突出自己的目的。比如："大家抬头往天上看，高高的蓝天上飘浮着一朵白云，虽然我个子不高，但却有一个高高在上的名字——高云。"

（4）引用式。这是借用名句、名诗、名言或俗语、谚语等来进行自我介绍的方法，以此引发他人的联想，加深其记忆。比如："伟大出于平凡。我就叫王平凡，我愿意在平凡的岗位上做出不平凡的业绩。"

（二）他人介绍

在介绍之前，必须了解被介绍双方各自的地位、身份等，并遵循应受到尊重的一方有了解对方的优先权的原则。在口头表达时，先称呼身份高者、年长者、主人、女士和先到场者，再一一介绍对方。比如，把一位年轻的女士介绍给一位大企业的负责人，则应不论性别，先提称这位企业家："张总，这位是我的同学李倩，刚从北京外国语大学毕业，会说一口流利的英语，她想到我们公司工作。"然后再介绍："李倩，这位是我们公司的张然总经理。"若是忽然想不起客人的名字，可让客人自我介绍。如："来，你向大家自我介绍一下吧。"这样，就避免了可能出现的尴尬局面。

在介绍时，手势动作应文雅，仪态应端庄，表情应自然。无论介绍哪一位，都应手心朝上，四指并拢，拇指张开，指向被介绍的一方，且眼神要随手势转向被介绍的一方，并向另一方点头微笑。介绍时，除长者、女士外，一般应起立，但在宴会桌、会谈桌上也可不起立，这时，被介绍者只需略欠身微笑点头，有所表示即可。

经介绍后，应牢记被介绍双方的姓名和单位等，否则就是最大的失礼。

第二节　称呼礼仪

称呼，是在人与人交往中使用的称谓和呼语，用以指代某人或引起某人注意，是表达人的不同思想感情的重要手段。称呼礼仪通常可分为家庭称谓和社交称呼两种。

一、家庭中的称谓

家庭是人类社会的基本单位。家庭称谓就是表示家属与亲戚之间关系的特定的名称。

（一）家庭称谓的特征

（1）标明了父系和母系。从称谓上能看出被称谓者是父系家族的还是母系家族的成员。

（2）注明了性别。通过称谓能够判断出被称谓者是男还是女。

（3）标明了父系或母系家族的长幼。通过称谓可以判断出称谓人与父亲或母亲的关系。

在我国的家庭中，亲戚和亲属构成的系统在称谓上划分得十分清楚。如父亲的兄弟为伯、叔，父亲的姐妹为姑；母亲的兄弟为舅，母亲的姐妹为姨。同时，在称谓上对直系和旁系也有严格的区别。如直系长辈：父、祖父、曾祖父、高祖父；直系晚辈：子、孙、曾孙、玄孙。又如旁系长辈：祖父的兄弟为从祖父，曾祖父的兄弟为族祖父；旁系晚辈：侄之子为归孙，甥之子为离孙。

（二）常用的称谓关系

为了便于表述，我们将常用的称谓按相互关系、称呼和自称排列成表，如表3-1所示。

表 3－1　　　　　　　　　　　常用称谓及关系

关　系	称　呼	自　称
父亲的祖父	曾祖父（老爷爷）	曾孙（曾孙女）
父亲的祖母	曾祖母（老奶奶）	曾孙（曾孙女）
父亲的父亲	祖父（爷爷）	孙（孙女）
父亲的母亲	祖母（奶奶）	孙（孙女）
父亲的哥哥	伯父（大爷）	侄（侄女）
父亲的嫂嫂	伯母（大娘）	侄（侄女）
父亲的弟弟	叔父（叔）	侄（侄女）
父亲的弟媳	叔母（婶）	侄（侄女）
丈夫的祖父	祖翁（爷爷）	孙媳妇
丈夫的祖母	祖姑（奶奶）	孙媳妇
丈夫的父亲	父亲（爸、公公）	媳妇
丈夫的母亲	母亲（妈、婆婆）	媳妇
丈夫的伯父	伯父（大爷）	侄媳妇
丈夫的伯母	伯母（大娘）	侄媳妇
丈夫的叔父	叔父（叔）	侄媳妇
丈夫的叔母	叔母（婶）	侄媳妇
祖父的哥哥	伯祖父（伯公、爷爷）	侄孙（侄孙女）
祖父的嫂嫂	伯祖母（伯婆、奶奶）	侄孙（侄孙女）
祖父的弟弟	叔祖父（叔公、爷爷）	侄孙（侄孙女）
祖父的弟媳	叔祖母（叔婆、奶奶）	侄孙（侄孙女）
祖父的姐夫	祖姑父（姑公、姑爷爷）	内侄孙（内侄孙女）
祖父的妹夫	祖姑父（姑公、姑爷爷）	内侄孙（内侄孙女）
祖父的姐妹	祖姑母（姑婆、姑奶奶）	内侄孙（内侄孙女）
祖母的兄弟	舅公（舅爷爷）	外甥孙（外甥孙女）
祖母的嫂嫂	舅婆（舅奶奶）	外甥孙（外甥孙女）
祖母的弟媳	舅婆（舅奶奶）	外甥孙（外甥孙女）
父亲的姐夫	姑父（姑丈）	内侄（侄女）
父亲的妹夫	姑父（姑丈）	内侄（侄女）
父亲的姐妹	姑母（姑姑）	内侄（侄女）
母亲的父亲	外祖父（外公、姥爷）	外孙（外孙女、外孙媳）
母亲的母亲	外祖母（外婆、姥姥）	外孙（外孙女、外孙媳）
母亲的兄弟	舅父（舅）	外甥（外甥女）
母亲的嫂嫂	舅母（妗）	外甥（外甥女）

表 3-1（续）

关　系	称　呼	自　称
母亲的弟媳	舅母（妗）	外甥（外甥女）
母亲的姐夫	姨父（姨丈）	甥（甥女）
母亲的妹夫	姨父（姨丈）	甥（甥女）
母亲的姐妹	姨母（姨姨）	甥（甥女）
妻子的父亲	岳父（爸）	婿
妻子的母亲	岳母（妈）	婿
妻子的伯父	伯父	侄婿
妻子的伯母	伯母	侄婿
哥哥	哥哥（兄）	弟（弟妹）
嫂嫂	嫂嫂（嫂）	弟（弟妹）
弟弟	弟弟（弟）	兄、嫂
弟媳	弟妹	兄、嫂
姐姐	姐姐	弟、弟妹
姐夫	姐夫	内弟、内弟妹
妹妹	妹妹	兄、嫂
妹夫	妹丈	内兄、嫂
妻子的哥哥	内兄（兄）	妹夫（弟）
妻子的弟弟	内弟（弟）	姐夫（兄）
妻子的姐姐	姐姐	妹夫
妻子的妹妹	妹妹	姐夫
妻子的姐夫	襟兄	襟弟（弟）
妻子的妹夫	襟弟	襟兄（兄）
伯叔的儿子	堂兄、堂弟	堂弟、弟妹 堂兄、堂嫂
伯叔的女儿	堂姐、堂妹	堂弟、弟妹 堂兄、堂嫂
姑 舅的儿子 姨	表兄、表弟	表弟、表妹 表兄、表姐
姑 舅的儿媳妇 姨	表嫂、表弟妹	表弟妹、表兄、表嫂

目前在家庭称谓中，还有一方面的问题，那就是随着离婚、再婚现象的出现，如何让孩子称呼继父、继母。一般情况下，应视家庭成员的具体情况来定。如果孩子在很小的时候就与继父、继母同住，而他的亲生父亲或亲生母亲已经去世，那么，孩子很自然地会叫他们的继父、继母为"爸爸""妈妈"。如果孩子已经长大，父母中一方已再婚，一般就不要强迫孩子叫继父、继母为"爸爸""妈妈"，应依由孩子的意愿来决定，可以叫继父、继母为"叔叔""阿姨"。其他社会关系可参照家庭同辈称呼称谓，以利于家庭的和睦。

二、社会交往中的称呼

交往中，选择正确、适当的称呼，反映着一个人的教养，同时也反映对对方尊重的程度，甚至还体现着双方关系所达到的程度。只有正确掌握和应用称谓，才能达到沟通情感、融洽关系的目的。

（一）称呼语的特征

（1）简洁性。人们在使用称呼语时，其音节较少，形式较为简单，叫起来方便，易引起对方的注意并便于记忆。

（2）褒贬性。在称呼时，明显地表现出褒贬之意。

（3）开启性。人们使用称呼语是为了引起对方注意，进而表述更多的内容。

（二）称呼语的作用

（1）称呼语的运用标志着人际关系的实质。

（2）表现一个人对他人的评价和情感。

（3）显示出人与人之间亲疏恩怨的概貌。

（4）决定人们情绪的消长和事情的成败。

（三）使用称呼语的原则

其基本原则是根据对方的年龄、职业、地位、身份、辈分以及与自己关系的亲疏、感情的深浅选择恰当的称呼。

称呼语比较典型的有尊称和泛称两种。尊称是指对人尊敬的称呼；泛称是指对人的一般称呼。

1. 尊称

现代汉语常用的有："您""贵姓""×老"。其中"×老"专指德高望重的老人，有三种用法：

（1）您＋老，如"您老近来如何"？

（2）姓＋老，如"冯老""李老"。

（3）双音节名字中的头一个字＋老，如"望老"（对著名语言学家陈望道先生的尊称）。

2. 泛称

以正式场合与非正式场合来划分，常用的称呼见表3－2。

表3－2　　　　　　　　　　　社交场合常用称呼

社交场合	称呼的表达	举　例
正式	（1）姓或姓名＋职衔称/职务/职业称/爵位	王教授、李×上将、刘厅长、爱德华公爵
	（2）姓名	张晓丽
	（3）泛尊称或职业称	同志、先生、小姐、大使先生
	（4）老/小＋姓	老李、小张
非正式	（5）姓＋辈分称呼或辈分称呼	李伯伯、王叔叔或伯伯、叔叔
	（6）名或名＋同志	铁安或铁安同志

（四）使用称呼语应注意的问题

（1）在多人交谈的场合，要顾及主从关系。称呼人的顺序，一般为先上后下，先长后幼，先疏后亲，先女后男。

（2）对某些情况比较特殊的人，如生理有缺陷的人，应绝对避免使用带有刺激性的或轻蔑的字眼。

（3）考虑称呼的使用范围，应避免不恰当的称呼语。不恰当的称呼语一般有三种情况：①变"专称"为"泛称"。最典型的是"师傅"这一称呼语。"师傅"，本指工、商、戏剧等行业中向徒弟传授技艺的人，是对手艺人或艺人的尊称。但如果与陌生人打交道，言必称"师傅"，就会造成情感上的障碍。②变"贬称"为"褒称"。这种情形主要表现在两方面，即表现在称呼语的同义语选择和语词结构上。③跨文化交际中的生搬硬套。"老"字称呼语，在我国是一种尊称，但是西方一些国家却忌讳说"老"。在涉外场合，不宜使用"爱人"这个称谓，因为"爱人"在英语里是"情人"的意思，若使用这个称谓，难免引起误会。

（4）根据自己的角色和现实位置，采取不同的称呼。有时环境不同、自己扮演的角色不同，对某一个人的称呼就不同。

（5）注意称呼的时代特色，应摒弃那些带有封建色彩的称呼。

（6）称呼时要加重语气，认真、缓慢、清楚地说出称呼语，称呼完了要停顿片刻，然后再谈你要说的事情，这样才会收到理想的效果。

至于家庭、社交中的敬称和谦称在其他章节将有叙述，这里不再赘述。

第三节　握手礼仪

握手是人们见面时相互致意的一种最普遍的方式。它不仅是一种见面的礼节，而且是祝贺或感谢的一种表示，同时还是和平的象征。

一、握手方式及含义

（1）平等式。握手时伸出右手，四指并拢与拇指分开，两人的手掌与地面垂直相握，并轻轻摇动，一般以 2～3 秒为宜；双目注视对方，面带笑容，上身要略微前倾，头要微低。这是意义较单纯的、礼节性的表示友好合作的标准握手方式。

（2）控制式。握手时掌心向下，显得傲慢，以示自己高人一等，或暗示想取得主动地位。

（3）乞讨式。握手时掌心向上，此握手方式表示谦卑与过分的恭敬，往往是处于受支配地位的表现。

（4）手套式。双手紧紧握住对方的右手，并且上下摇动，时间稍长，往往表示热情的欢迎、感谢、感激，或有求于人、肯定契约的意义。下级对上级，或晚辈对长辈用这种方式，更表示谦恭备至。但初次见面一般不可用此方式。

（5）死鱼式。握手时漫不经心，过于软弱无力，时间很短，不仅给人一种十分冷淡的感觉，同时也给人留下一种毫无生命力、任人摆布的印象。

（6）虎钳式。握手时用力过猛、时间过长、幅度过大，给人以粗鲁的感觉。

（7）抓指尖式。握手时，轻轻触一下对方的指尖，往往给人一种冷冰冰的感觉。有些女士自视清高，常采用这种方式，其中也隐含着

保持一定距离的意思。

总之，不同的握手方式，其含义是不同的，给人的礼遇也是不尽相同的。我们应本着友好、亲善的原则采用正确的握手方式，即标准的握手方式，给对方一种平等待人、亲切随和的感觉。

在握手时，常伴有一定的问话，常见的有问候型、祝贺型、关心型、欢迎型、致歉型和祝福型。

二、握手礼规

（1）注意握手的次序。各种场合的握手应该按照上级在先、长辈在先、主人在先、女士在先的顺序进行。握手时让上级、长辈、女士先伸出手，是对他们的尊重，即把是否握手的主动权给他们，以避免将自己的意愿强加给对方；作为下级、晚辈、客人、男士，应该先问候，见对方伸出手后，再伸手与之相握，尤其在上级、长辈面前，不可贸然伸手。如果女士不愿意与先问候自己的人握手，可欠身或点头致意，不要视而不见，或者扭身而去。

（2）与他人握手时，手应该是洁净的，否则会给对方不舒服、不愉快的感觉。

（3）握手时一定要用右手，用左手与人相握是不合适的。在特殊情况下用左手与人相握应当说明理由。

（4）男士戴帽子和手套同他人握手是不礼貌的，握手前一定要摘下帽子和手套。若女士身着礼服、礼帽戴手套时，与他人握手可以不摘下手套。军人与他人握手时也不必摘下军帽，应先行军礼然后再握手。

（5）要注意握手的时间与力度。握手的时间通常掌握在 2～3 秒为宜，握手的力度要适当，不宜用力过猛或毫无力度。男士与女士握手，时间要短些，用力要轻些。长久地、用力过猛地握着女士的手不放，是十分失礼的行为。

（6）握手时，目光要注视对方并面带微笑。

（7）不宜交叉握手。

（8）握手时，应站起来表示礼貌。在正常情况下，坐着与人握手是不礼貌的。

第四节　致意礼仪

致意是一种常用的礼节，它表示相互问候之意。

一、致意的形式

（1）起立致意。通常用在集合时领导、来宾到场，或者坐着的晚辈、下级见到长辈、上级进屋、离去时，或坐着的男子看到站立的女子时。一般站立时间不长，只要对方表示你可以就座，即可坐下。

（2）举手致意。一般不必出声，只是举起右手，掌心朝向对方，轻轻摆一下即可，摆幅不要太大，手不要反复摇动。举手致意，用于公共场合与远距离的熟人打招呼。

（3）点头致意。适用于不便与对方直接交谈的场合。如在会议、会谈的进行当中，与相识者在同一地点多次见面或仅有一面之交的朋友在社交场合相逢，均可以点头为礼。有时同事之间经常见面，上下班时，也用点头表示打招呼。点头致意的方法：头微微向下一动，幅度不必太大。

（4）欠身致意。这是一种表示致敬的举止，常常用在别人将你介绍给对方，或是主人向你献茶时。这时候你可用欠身表示自谦，也就相当于向对方致敬。欠身要求身体稍向前倾，不一定低头，眼睛仍可以直视对方。如果是坐姿，欠身时只需稍微起立，不必站直。

（5）脱帽致意。这是男子戴帽时施的礼。朋友、熟人见面可摘帽点头致意，离别时再戴上帽子。其方法是：微微欠立，用一只手摘下帽子，将其置于大约与肩平行的位置，同时与对方交换目光并问好。

若是朋友、熟人迎面而过，则不必脱帽，只需轻掀一下帽子致意即可。

（6）抱拳致意。这是一种互相致敬的举止，通常用在身份、年龄相仿的男士之间。除了表示相见时打招呼或告辞时表示再见外，有时需拜托对方为自己做些事情，也常致抱拳之礼。其方法是：一手抱拳，一手握在它的上面，拳放在胸前，小幅度地上下晃动几次。

（7）鞠躬致意。鞠躬，即弯身行礼，是表示对他人敬重的一种礼节。其方法是：先立正站好，同时双手在身体前搭好，右手搭在左手上，面带微笑，然后弯身行礼。鞠躬时应同时问候"您好""欢迎光临"等。

二、致意的礼节

在各种场合，男士应先向女士致意；年轻者先向年长者致意；学生先向老师致意；下级先向上级致意。

女士不论在何种场合，不论年龄大小，不论是否戴帽，只需点头致意或微笑致意。女士只有在遇到上级、长辈、老师、特别钦佩的人及见到众多朋友的时候，才需先向他们致意。

致意方法，往往同时使用两种：点头与微笑并用；欠身与脱帽并用。

遇到对方向自己致意时，应以同样的方式向对方致意，毫无反应是失礼的。

在餐厅等场合，若男女双方不十分熟悉，一般男士不必起身走到女士跟前致意，在自己座位上欠身致意即可。女士如果愿意，可以走到男士的桌前去致意，此时男士应起立，协助女士就座。

致意的动作不可马虎，也不能满不在乎，必须是认认真真的，以充分显示对对方的尊重。

第五节　使用名片的礼仪

一、名片的作用

（1）方便自我介绍。名片的内容和形式虽然各异，但大多印有姓名、单位、职务、职称、通信地址、电话等。使用名片可避免初次见面口头介绍时容易造成的遗忘、误听、误解等麻烦。中国人一向以谦逊为美德，一般不习惯主动向别人介绍自己的头衔职位，使用名片则可避免不便启齿的尴尬，同时还能加深初交的印象，有益于日后的继续交往联系。

（2）可以替代便函。在交往中，有许多时候必须对友人做出礼节性的友好表示。方法之一就是在自己名片的左下角写上祝福语或问候语寄给或捎给对方，虽然不是亲自前往，但同样可以表达自己的情意。由于名片大小的局限，因而祝福语或问候语只能是一个短语。目前，比较流行的是在名片的左下角用铅笔写上几个表示一定含义的法文小写字母，也可以用通用的文字写上简短的字句。下面是几种常用的法文及其缩写：

敬贺　p. f.　（pour félicitation）

谨唁　p. c.　（pour condoléances）

谨谢　p. r.　（pour remerciement）

介绍　p. p.　（pour présentation）

辞行　p. p. c.　（pour prendre congé）

恭贺新年　p. f. n. a.（大小写均可）（pour féliciter le nouvel an）

谨赠　（不用缩写，英法两种文字均写在姓名的上方）

英文：With the compliments of …

法文：Avec ses compliments

（3）可以替代介绍信。如果介绍自己的友人与另外一位友人相识，可在自己名片的左下角写上 p. p.，然后把被介绍者的名片附在后面一并送去，这时名片就起到了介绍信的作用。

（4）可以替代请柬。在非正式的邀请中，可以用名片代替请柬，并写明时间、地点和内容。

（5）可以替代礼单。向友人寄送或托送礼物、鲜花时，可在礼品或花束中附上自己的名片并写上祝贺语。在收到友人的礼品时，可立即回寄一张名片，左下角写上 p. r.，以示谢意。

（6）可用于通报和留言。在拜访名人、长辈、职位高者或不熟悉的人时，为了避免被拒见的难堪，可先请人递上一张自己的名片，并在名片的姓名下写上"未见"字样，转行顶格起写上对方姓名称谓，作为通报和自我介绍，让对方考虑一下，以便做出是否见面的决定。若拜访对象不在家，可留下一张名片，上面写上留言，这也是一种很好的方式。

（7）可用于通知变更。自己一旦调任、迁居或更换电话号码，要及时给亲朋好友一张注明上述变动情况的名片，礼貌地通知对方，便于对方与自己联系。

二、使用名片的礼规

名片的使用，可分为递交、接受和交换三个环节。

（一）递交名片

递交名片时应注意以下几点：

（1）在外出前将名片放在容易取出的地方，以便需要时迅速取出。一般男士可将名片放在西装上衣的口袋里或公文包里，女士可将名片置于手提包内。

（2）递交名片要讲究场合。一般而言，商业性质的横向联系和交际，社交中的礼节性拜访以及表达情感的场所可以递交名片。

（3）掌握递交名片的时机。如果是初次见面，相互介绍之后可递上名片；若是比较熟识的朋友，可在告辞时递交。

（4）为表达对对方的尊敬，一般应双手递上名片，特别是下级递给上级、晚辈递给长辈时，更应如此。

（5）递名片时，应将名片的下方指向对方，以方便对方观看。

（6）递名片时应面带微笑，同时还要说些友好客气的话语。比如："这是我的名片，欢迎多联系！""这是我的名片，请多关照！"总之，递交名片时，动作要洒脱大方，态度要从容自然，表情要亲切谦恭。

（二）接受名片

递名片者将名片递上，表达了递交者对对方的友好之情；而接受名片者应双手接过名片，从上到下，从正到反，认真观看，以表示对赠送名片者的尊重，同时便于加深印象。看完名片后要郑重地将其放在名片夹里，并表示谢意。如果是暂放在桌子上，切忌在名片上放其他物品，也不可漫不经心地放置一旁，告别时千万不要忘记带走。接受名片者应通过动作与表情来显示对对方人格的尊重。

（三）交换名片

交换名片体现了双方感情的沟通，表达了愿意友好交往下去的意愿。交换名片的礼节，主要体现在交换名片的顺序上。一般是地位低者、晚辈或客人先向地位高者、长辈或主人递上名片，然后再由后者予以回赠。若上级或长辈先递上名片，下级或晚辈也不必谦让，礼貌地用双手接过，道声"谢谢"，再予以回赠。

三、名片的制作

因名片被称为人们的第二脸面，所以对名片的样式、制作及印刷都应十分讲究。无论是横式，还是竖式，一张标准的名片都应包括三个方面的内容：一是本人所属单位、徽记及具体部门，印在名片的上方或右方；二是本人的姓名、学位、职务或职称，印在名片的中间；三是与本人联系的方法，包括单位所在的地址、电话号码和邮政编码等，印在名片的下方或左方。

随着人们物质生活水平和精神文明程度的提高，人们越来越重视名片的媒介作用，很多人在名片的形式和内容的设计上煞费苦心，以求达到与众不同的目的。因此，名片的设计已基本形成以下几个鲜明的特点：

（1）显示性格为人。通过在名片上写上个人情趣爱好等来显示性格为人，并让人过目不忘。例如，文怀沙教授的名片上印着"述而不著"。青年作家晏彪的名片背面印有"人生三境：好友者，不以生死易心；嗜书者，不以忙闲作辍；为文者，不以顺逆改志"。上海人民艺术剧院院长沙叶新先生的名片是这样设计的：

- 我，沙叶新
- 上海人民艺术剧院院长
    ——暂时的
- 剧作家
    ——长久的
- ××理事、××教授、××顾问、××主席
    ——都是挂名的

其下角是沙叶新高举大笔、一腔热情的漫画自画像。这张名片既起到了自我宣传的作用，又显示了其幽默风趣的性格，更蕴含了他对人生、名利、世事的深刻见解。

（2）体现职业特点。这种名片大多是通过漫画、书法、照片等来体现职业特点。如聂卫平的名片上面除其肖像漫画和亲笔签名外，还特别印上了围棋谱，图文并茂，别具一格。

（3）代替广告宣传。一般从事企业营销或商品推销者，喜欢在名片的背面印上经营项目、业务范围、产品名称等，以达到宣传企业、宣传产品的目的。

[思考题]

1. 介绍的原则是什么？
2. 使用称呼语的原则是什么？
3. 简述握手方式及含义。
4. 握手礼规有哪些？
5. 致意的形式有哪些？
6. 简述名片的作用及设计特点。

拜访和接待礼仪

第一节　拜访礼仪

一、拜访概述

（一）拜访的含义

拜访作为交往的重要方式，已越来越受到人们的重视。拜访是指个人或单位代表以客人的身份去探望有关人员，以达到某种目的的社会交往方式。实质上拜访是拜会、会见、拜见、访问、探访等的统称。从这一定义中可以看出：

首先，拜访是社会交往的一种方式；其次，拜访是为一定目的而进行的，也就是说任何形式的拜访都有一定的目的；最后，拜访是个人或单位都要运用的。

（二）拜访的类型

按照不同的标准划分，拜访有不同的类型。

1. 以拜访目的的不同为标准划分

（1）商业拜访。它是为加强商务联系、购销商品而进行的拜访。

（2）政治拜访。它是国家首脑或党政要员等因政治需要而进行的拜访。

（3）情感拜访。是为交流感情、增进友谊而进行的拜访。

（4）礼节性拜访。它是为表达对对方的尊重、关心而进行的拜访。

2．以拜访性质的不同为标准划分

（1）公务拜访。它是机关团体、工商企业为达到团体的目的而进行的拜访。

（2）友情拜访。它是个人、家庭之间为促进感情交流、加强联系而进行的拜访。

3．以拜访方式的不同为标准划分

（1）应邀拜访。它是拜访者接到有关团体或个人发出的正式邀请后进行的拜访。

（2）主动拜访。它是团体或个人为自己的目的而主动联系的拜访。

（三）拜访的作用

随着科学技术的进步，现代社会交往的方式逐渐增多，如电报、电话、传真、可视电话、网络电话等，都可以在人们的情感沟通中起到一定的作用。但它们与直接会面的拜访相比，毕竟有不同的感觉、不同的效果。拜访更直接、更亲近，交流的内容更广泛、更深入、更易达到交往的目的。具体地说，拜访在人际交往过程中有如下作用：

（1）促进联系，提高工作效率。因为拜访是面对面的交往，通过这种形式，可以使双方把一些观点、看法及细节性问题谈出来，以达成共识，从而提高工作效率，促成合作。

（2）交流感情，了解信息。古人云："有朋自远方来，不亦乐乎？"说的就是朋友相见，分外高兴。通过亲朋之间的拜访，畅叙友情、增进了解，自然可以促进感情的交流和加深。同时，通过拜访，还可以了解到书本外的知识和工作中没有接触过的事物，开阔视野，扩大信息量，这就是所谓的"与君一席话，胜读十年书"。

二、拜访的准备

（一）预约

预约是指拜访前向对方提出拜访的恳请，以征得对方的同意。通过预约可以使拜访顺理成章，免做不速之客。预约的具体要求是：

1．预约前的准备

作为拜访者，在提出预约前应把拜访的具体时间、地点、目的等问题考虑周到，以免当对方问及时支支吾吾或信口开河。同时，也应考虑到如若对方不同意，应该怎么办。

（1）时间的选择。这是对方是否接受拜访的首要条件。若是公务

拜访应选择对方上班的时间；若是私人拜访，应以不妨碍对方休息为原则，尽量避免在吃饭时间、午休时间，或者是在晚上 10 点之后登门。一般说来，上午 9 点至 10 点，下午 3 点至 4 点或晚上 7 点至 8 点是最适宜的时间。

（2）地点的选择。地点的选择有三个：一是办公室，二是家里，三是公共娱乐场所。这要视拜访的具体目的而定。若是公务拜访应选择办公室或者娱乐场所，若是私人拜访则应选择家里或者娱乐场所。

（3）拜访的目的。拜访的目的要具体。如果对方拒绝拜访，要委婉地问对方何时有时间，何种情况下可以拜访；如遇对方确实忙，分不开身，则说："没关系，以后再联系。"

2. 预约的方式

无论哪种类型的拜访，预约的方式都大致为电话预约、当面预约或书信预约。

无论何种形式的预约，都要用客气的、商量的或恳求的口吻，而不能用命令的口气要求对方，以免引起不快。

（二）赴约的准备

当拜访者的预约得到肯定的答复之后，就要做认真的赴约准备。赴约准备充分与否，直接影响到拜访目的的实现。一般情况下，赴约的准备包括以下四个方面的内容：

（1）服饰仪表要得体。如果是正式的公务拜访，穿着一定要整齐大方、干净整洁，要和自己的职业、年龄相称。如果是朋友之间的拜访，则不必太讲究，但要整洁大方，同时还应注意仪表的修饰。

（2）内容材料要详细。拜访是有一定目的的交际活动，因此拜访者在拜访前一定要根据拜访的内容，把材料准备充分，以免措手不及，东拉西扯，浪费时间，达不到拜访目的。

（3）交通路线要具体。作为拜访者，一定要对拜访的地点有所了解，特别是对自己首次去的地方，要提前了解一下交通路线，以免耽误时间。因为只知大概方向，不知具体的路线，会影响按时赴约。

（4）名片礼品要备齐。在拜访前，拜访者一定要把自己的名片准备好，并放在容易取出的地方，同时，还要准备一些礼品。这对于促进情感的交流，增进相互了解，有一定的作用。

（三）意外情况的处理

爽约很难让人产生信赖感，因此，有约一定要守时。如果确实由于特殊原因而不能按时赴约，一定要想办法通知对方，诚恳地说明爽约的原因，并表示歉意。如实在来不及或没有办法通知对方，一定要在过后及时向对方说明原因，并表示歉意。在致歉的同时还可提出重新安排拜访的时间、地点，并在拜访时对上次的爽约做些解释，以取得对方的谅解。

三、拜访礼规

拜访礼规是指在拜访过程中应遵守的礼节规范。

（一）按时到达

按时赴约，是拜访的基本礼节。一般情况下拜访要按预先约定的时间提前3~5分钟到达。这样，一方面可以避免到得早而主人没有做好迎客的准备，出现令主人难堪的场面；另一方面也不会因到得晚而让主人焦急等待。拜访时按时到达，给对方一个守信、守时的印象，可以使双方的交流合作有一个良好的开端。

（二）礼貌登门

当拜访者到达被拜访者的门口时，首先要整理一下自己的衣服、发型，并把鞋擦净，然后按门铃或叩门求进，这表示拜访者对主人的尊重。叩门时不可太用力，按门铃时时间不可太长，更忌用力敲打或用脚踹门。到达时如主人的门开着，也不可贸然进入，仍要按铃、叩门或叫一声，等主人发出"请进"的邀请之后方可进入。进门之后要轻轻地把门关上，并将自己随身带的大衣、雨具、手套等物品交给主人安放。

（三）进门问候

无论是公务拜访还是朋友之间的拜访，进门后，首先要和拜访对象握手、问好。如果有老人、儿童或其他客人在场亦应主动与他们打招呼，对老人可恭敬地问"老人家好"或"您老好"，对其他客人应简单地说声"您好"。如果大家互不相识，点头致意即可，对儿童则应表示爱抚；如果自己是带着小孩拜访的，也要让小孩称呼主人家所有的人。问好之后，应在主人的安排下入座，否则就是不礼貌的。

（四）言行适当

在拜访的交谈中，拜访者须语言适度，表达准确，不夸大其词，亦不要过于谦卑。特别是在一些商业性或政治性拜访中一定要做到：能够做到的事情要大胆地说，而且要充满自信；做不到的事情，不要信口开河，要以实相告；眼前暂时做不到的但通过努力可以做到的事情要留有余地，恰如其分地说。对于亲朋之间的拜访，在谈话中不要

随意谈主人不愿提及的其他话题，不要和主人谈及其他人的隐私，不要当着主人的面批评自己的孩子或夫人（先生）。

在拜访过程中，主人倒的茶水要双手接住，不能推让，并说声谢谢，主人端上的用品或点心要等年长者先取之后自己再取。当主人或其他人给自己点烟时最好站起来，身体前倾，并致谢意。拜访者还需注意，在拜访时不要乱脱、乱扔衣服，与主人关系再好也不要随便翻动其书信、报刊或工艺品。要讲究卫生，不要把别人的房间弄得乱七八糟，乱扔果皮、烟头。如果带有小孩，则要教育其莫乱跑、乱翻、乱叫。

（五）礼貌告辞

当拜访的话题已谈完、目的已达到时，就应起身告辞，如准备有礼品，可在这时献给主人。告辞时应注意以下几点：

（1）讲究告辞时机。告辞也是拜访的重要礼节，切忌别人正在讲话或者别人的话刚讲完，就马上提出告辞，这样会被认为不礼貌，或对别人讲话感到不耐烦，对别人不重视。最好是自己讲一段带有告别之意的话之后，或者是在双方对话告一段落，新的话题没有开始之前提出告辞，或者被拜访者有了新的客人而自己又不认识时提出告辞。

（2）告辞应坚决。当你准备告辞时，就要说走就走，不要告而不辞，只说不动。

（3）要注意辞谢。告辞时对于主人，尤其是女主人的热情招待，千万不要忘记感谢，即便是简单的一句"多谢您的盛情招待""给您添麻烦了"，也是一种起码的礼貌。

当与主人告别时，最好别让主人远送，应主动与主人握手道别，并向其说"您请回""请留步""再见"等礼貌用语。

第二节　接待礼仪

一、接待概述

（一）接待的含义

接待是指个人或单位以主人的身份招待有关人员，以达到某种目的的社会交往方式。在接客、待客、送客的过程中，接待者都要讲究一定的礼仪规范，每个环节都要有一定的要求。

接待和拜访一样，同样可以起到增进联系、提高工作效率、交流感情、沟通信息的作用，同样是个人和单位经常运用的社会交往方式。

（二）接待的类型

按照不同的标准划分，接待有不同的类型。

1. 以接待对象为标准划分

（1）公务接待。这是为完成上下级之间、平行机关之间的公务活动而进行的接待。

（2）商务接待。这是针对一定的商务目的而进行的接待活动。

（3）上访接待。这是指政府部门对上访群众的接待。

（4）消费接待。这是指在消费活动中进行的接待。

（5）朋友接待。这是指朋友之间为增进友谊、加强联系而进行的接待。

（6）外宾接待。这是指在外事活动中的接待工作。

2. 以接待场所为标准划分

（1）室内接待。这是指机关团体的工作人员在自己的办公室、接待室对各种来访者的接待。

（2）室外接待。这是指对来访者到达时的迎接、逗留期间的陪访及送行时的接待。

虽然接待的类型不同，但是其讲究的礼仪、遵循的原则大致相同。

（三）接待的原则

无论是单位还是个人，在接待来访者时，都希望客人能乘兴而来，满意而归。为达到这一目的，在接待过程中一定要遵循平等、热情、礼貌、友善的原则。

在社会交往活动中，不论单位大小、级别高低，不论朋友远近、地位异同，都应一视同仁，以礼相待，热情友善，这样才能赢得来访者的尊敬和爱戴，达到沟通信息、交流感情、广交朋友的目的。

二、接待的准备

（一）安排布置，周全具体

1. 时间

作为接待者，无论是因公接待还是因私接待，都要记清来访者的日期和具体时间。要在来访者到达之前，做好各方面的准备工作。如果来访者事先没有通知，不期而至，接待者无论工作多么繁忙，都要热情待客。

2. 场所

接待场所即我们通常说的会客室。在客人到达前要根据具体情况，

把会客室精心收拾一番，摆放一些鲜花。一般情况下应先打扫卫生，适当准备一些香烟、水果、饮料、茶具等。如果是商业或其他公务会谈，还应准备一些文具用品和可能用上的相关资料，以便使用和查询。总之，会客室的布置应本着整洁、美观、方便的原则。

3. 接站

在来访者到来之前，要了解客人是乘坐什么交通工具而来。如果是驾车来访，那么就在自家门口做好准备即可；如果是乘汽车、火车、飞机、轮船而来，就应做好接站的准备。接站时如单位有车应驾车前往车站、码头或机场候客，同时还要准备一块接客牌，上面写上"迎接×××代表团"或"迎接×××同志"或"××接待处"等字样。迎接时要举起接客牌，以便客人辨认。妥善做好这些工作，能给客人以热情、周到的感觉，不至于因环境不熟、交通不便给客人带来困难和麻烦。

4. 食宿

安排食宿，一是要了解客人的生活习惯；二是要尽力而为，不铺张浪费。

5. 规格

接待的规格要根据客人的具体情况进行安排，不可过高，也不可过低，同时要根据不同的规格，安排主要接待人员。这些工作都要在客人到来之前做好，否则客人来时就会造成没人照应的尴尬场面。接待的规格主要有以下三种。

（1）对等接待。这是指陪同人员与客人的职务、级别等身份大体一致的接待，在接待工作中是最常见的。一般来讲，来的客人是什么级别，本单位也应派什么级别的同志陪同；在家庭中则是谁的朋友谁接待。单位领导或家庭中其他人只做礼节性的看望即可。

（2）高规格接待。这是指陪客比来客职务高的接待。做出这样的接待安排主要出于以下几种情况的考虑：一是上级领导机关派工作人员来检查工作情况，传达口头指示；二是平行机关派工作人员来商谈重要事宜；三是下级机关有重要事情请示；四是知名人物来访谈或是先进人物来做报告。总的来说，之所以要高规格接待，是由于重要的事情和重要的人物需要有关负责人直接出面。

（3）低规格接待。这是指陪客比来客职务低的接待，这也是一种常见的接待方法。如上级领导来调查研究、视察工作，来客目的是参观学习等，都可按低规格接待处理。但在这种接待中应当注意要热情、礼貌。

6. 服饰仪表

美的仪表是美的心灵的体现，美的仪表是对社会和他人的尊重。如果一个人的服饰不符合一定场合的要求，就会引起误会。接待者对自己的服饰、仪表要做恰当的准备，不可随随便便。特别是夏季更应注意，不要穿背心、裤头、拖鞋接待客人。古今中外，人们都把主人仪表整洁与否同尊重客人与否直接联系起来。

7. 致辞

欢迎词是迎接客人时使用的问候语言，一般情况下不需要书面准备，但见到客人时要说"欢迎您的到来""欢迎您指导工作""欢迎光临"之类的话。对于一些隆重的接待，则要准备一些简短的书面欢迎词。

另外，一般在重要的公务接待中，还要准备一些欢迎标语，以示对来访者的尊敬。

（二）了解客人，心中有数

作为接待者，必须对来访者的情况有详尽的了解，这样才能做到心中有数，做好接待工作。了解客人，主要是要弄清来访者的目的、性别、人数、职务级别、是否有配偶同行等情况。

客人来访都是有目的的，了解客人的目的，有利于有的放矢地做好会谈准备；了解客人的人数、性别和是否有配偶同行等具体情况，是为了便于安排交通工具和住宿，以免由于准备不足而造成接待不周；了解职务级别，则便于主人做出相应规格的接待。

三、接待礼规

接待礼规是指在接待过程中应遵守的礼节规范。

（一）迎客礼仪

（1）会面。"出迎三步，身送七步。"这是我国迎送客人的传统礼仪。接待客人的礼仪要从平凡的举止中自然地流露出来，这样才能显示出主人的真诚。客人在约定的时间按时到达，主人应提前去迎接。如果是在家庭中接待朋友，最好是夫妇一同出门迎接客人的到来。见到客人，主人应热情地打招呼，主动伸出手相握，以示欢迎，同时要说"您路上辛苦了""欢迎光临""您好"等寒暄语。如客人提有重物应主动接过来，但不要帮拿客人的手提包或公文包。对长者或身体不太好的客人应上前搀扶，以示关心。

（2）乘车。上车时，接待者应为客人打开车门，由右边上车，然后自己再从车后绕到左边上车。按照国际惯例，乘坐轿车的座次安排一般是：右高左低，后高前低。车内的座位，后排的位置应当让尊长坐（后排二人座，右边为尊；三人座中间为尊，右边次之，左边再次），晚辈或地位较低者，坐在司机旁边的座位。如果是主人亲自开车，则应把司机旁边的位置让给尊长，其余的人坐在后排。在车上主人应主动与客人交谈，同时还可以把本地的风土人情、旅游景点介绍给客人。车到地点后，接待者应先下车，为客人打开车门，请客人下车。

（3）入室。下车后，陪客者应走在客人的左边，或者走在主陪人员与客人的后面。到会客室门口时，主陪人员或陪客者应打开门，让客人先进，并将室内最佳的位置让给客人。同时，还要按照礼仪把客人介绍给在场的有关人员。

（二）待客礼仪

（1）敬茶。请客人入座后要给客人沏茶敬茶。沏茶时茶叶量要适中，用开水冲泡；斟茶水时，水量以八分满为宜，茶具要干净，不能有残缺或茶垢；敬茶时应面带微笑，双手捧上，并说"请喝茶"；如果客人不止一位时，第一杯茶应给职务高者或年长者。

（2）交换名片。在交换名片时，要注意递接名片的礼仪。

（3）谈话。谈话是待客过程中的一项重要内容，是关系到接待是否成功的重要一环。第一，谈话要紧扣主题。拜访者和接待者双方的会谈是有目的的，因此谈话要围绕主题，不要偏离主题。如果是朋友之间的交流，要找双方都感兴趣的事情谈，不要只谈自己的事情或自己关心的问题，不顾对方是否愿听或冷落对方。第二，要注意谈话的态度和语气。谈话时要尊重他人，不要恶语伤人，不要强词夺理，语气要温和适中，不要以势压人。第三，会谈时要认真听别人讲话，不要东张西望，表现出不耐烦的表情，应适时地以点头或微笑做出反应，不要随便插话。要等别人谈完后再谈自己的看法和观点，不可只听不谈，否则，也是对别人不尊重的一种表现。第四，谈话时要注意坐的姿势。第五，不要频繁看表、打呵欠，以免对方误解你在逐客。

（4）陪访。在陪同客人参观、访问、游览时，要注意以下几方面：第一，要事先安排，提前熟悉情况，以便向客人做详细的介绍，并安排好交通事宜。第二，要遵守时间，衣冠整洁。第三，陪同时要热情、主动，掌握分寸。不要冷淡沉默，也不可过分殷勤，要做到不卑不亢。第四，注意行进位次。多人并排行进，中央高于两侧，对于纵向来讲，前方高于后；两人横向行进，客人在右，陪同人员在左。在引领客人时，与客人的距离，标准化位置是：左前方 1~1.5 米处，换句话说，一步之遥。与客人同乘电梯，应该先进后出。第五，游览时要注意照顾客人的安全。

（三）送客礼仪

送客是接待的最后一个环节，如果处理不好将影响到整个接待效果。送客礼节，重在送出一份友情，中国古代就有"折柳送客"这一礼俗。所谓折柳相送有三层含义：其一，表示挽留之情，因为"柳"与"留"谐音，以示主人挽留之意；其二，表示惜别之意，朋友相别，依依恋情，犹如柳丝飘悠；其三，祝愿客人随遇而安，因为柳枝具有插地即活的特性，也寓意客人随处皆安。送客礼仪，具体说来有：

（1）婉言相留，欢迎再来。无论是接待什么样的客人，当客人准备告辞时，一般应婉言相留，这虽是客套辞令，但也必不可少。因为有些客人本来还想与主人进行进一步的交谈，但为了试探主人的态度或者担心打扰主人，于是就以告辞的方式来观察主人的反应，此时主人一定要热情挽留。但是如果客人坚持要走，也要等客人起身后，主人再起身相送，不能客人一说要走，主人马上站起相送，或者站起来相留，这都有逐客之嫌。送客时应主动与客人握手道别，并送出门外，或送至楼下。不要待客人走时主人还无动于衷，只是点点头或摆摆手算是招呼，这都是不礼貌的。最后还要用热情、友好的语言欢迎客人下次再来。

（2）规格对等，安排交通。送别客人时应按接待时的规格对等送别，不能虎头蛇尾。无论客人的目的是否达到，都要按照原来接待的规格送行，并且还要做好交通方面的安排，帮助购买车票、船票或机票并送其至车站、码头或机场。如果客人临别时主人不管不问，那就意味着交往关系的破裂，或者是表示对客人的不满。如果客人来访时带有一些礼品，那么在送别时也要准备一些礼品回赠客人。

四、电话接待

（1）及时接电话。电话铃响了，应尽快去接，不要怠慢，怠慢可能误事，甚至误大事，也可能给对方造成不愉快的感觉，更不可接了电话就说"请稍等"，撂下电话半天不理人家。如果确实很忙，可表示歉意，如："对不起，请过 10 分钟再打来，好吗？"

（2）主动报家门。在西方一些国家，人们接电话时，未等对方开口，就自报身份、单位或电话号码。这的确是一个与人方便、自己方便，且节约时间、提高效率的好办法，可以免去许多口舌，使打电话的人立即就知道自己是否拨错号码，了解对方是谁，随即就可进行实质性通话。

（3）认真听对方说话。受话人应当认真听对方说话，而且不时向对方发出正在认真听话的表示。比如，可根据谈话内容和对方的口气，说"是""对""好""请讲""不客气""我听着呢""我明白了"等，或者只用语气词或感叹词"唔""嗯""嗨"之类的也可以，让对方感到你是在认真倾听。漫不经心，答非所问，或者一边听话，一边同身边的人谈话，这都是对对方的不尊重，是一种失礼行为。目前，可视电话尚未普及，通话双方不可能看见对方的表情和动作，全靠双方用语言和语气交流感情、沟通信息，因此，与人交流时必须要有回应。

（4）如果使用录音电话，应事先把录音程序编好，把一些细节考虑周到。不要先放一长段音乐，也不要把程序搞得太复杂，让对方莫名其妙、不知所措。

（5）如果对方打错了电话，应当及时告知对方，口气要和善，不要讽刺挖苦，更不要表示出恼怒之意。如果对方错以为你是受话人，应当及时说明，并尽快叫当事人接电话，不要让对方讲出实质性内容后才告诉人家搞错了，这是不礼貌的。

（6）在办公室接电话声音不宜太大，让对方听得清楚就可以，否则对方会感觉不舒服，而且也会影响办公室其他人工作。

（7）替他人接听电话时，要询问清楚对方姓名、电话、单位名称及所属部门等，以便及时准确转告受话人。在不了解对方的动机、目的时，请不要随便说出指定受话人的行踪和其他的个人信息，如手机号等。

（8）如果对方没有报上自己的姓名，而直接询问上司的去向，此时应客气而礼貌地询问："对不起，您是哪一位？"

（9）在电话中传达有关事宜，必须遵守简明扼要的原则，这在电话礼仪中被称为 KISS 原则（Keep It Simple and Short）。通话结束时，应重复要点，对于号码、数字、日期、时间等，应再次确认，以免出错。

（10）挂断电话前的礼貌不可忽视，要确定对方已经挂断电话（以主叫方或尊者先挂断为宜），才能轻轻挂上电话。

第三节　馈赠礼仪

一、馈赠原则

馈赠是指组织与组织之间、组织与个人之间、个人与个人之间为了达到交流感情、沟通信息的目的而互赠礼品的活动。

馈赠是友好的表示，礼品是友好的象征。我们要尽可能本着"君子之交淡如水"和"礼轻情义重"的原则，根据自己的经济承受能力选赠礼品，坚决抵制走后门拉关系的送礼。

二、馈赠礼品的选择

（一）要考虑对方的兴趣爱好

每个人都有自己的兴趣、爱好，选择礼品时对此一定要有所考虑，不可盲目。馈赠者可以仔细观察或打听了解受礼者的兴趣、爱好，然后有针对性地精心选择合适的礼品，尽量让受礼者感觉到馈赠者在礼品选择上是花了一番心思的，是真诚的。

（二）要选择受赠者没有或缺少的、具有民族文化特色或地方特色的礼物

造型奇巧、晶莹剔透的欧洲玻璃器皿，精美华贵的中国刺绣和丝绸制品，以及做工考究的景泰蓝，还有展示各国风情的绘画作品等，都常常被人们选来作为珍贵的礼物互相赠送。工厂、企业则常把自己精制的产品或产品模型作为礼品馈赠客户，这样不但可以促进友好交往，往往还可以起到广告宣传起不到的作用。

（三）要侧重于礼品的精神价值和纪念意义

礼物是情感的载体。任何礼物都表示送礼人的一片心意，或酬谢或祝贺或孝敬或关爱等。所以，你选择的礼品必须与你的心意相符，并使受礼者觉得你的礼物非同寻常，倍感珍惜。实际上，最好的礼品是那些根据对方兴趣爱好选择的、富有纪念意义或耐人寻味的小礼品。

就礼物而言，它的价值不是以金钱的多少来衡量的，而是以其本身的意义来体现的。因此，选择礼物时要考虑到它的思想性、艺术性、趣味性、纪念性等多方面因素，力求别出心裁、不落俗套。

礼品的价值在于寄寓和表达思想、感情、友谊，而不在于它的使用价值。因此，在选择、定制礼品时，要着重考虑它的深刻内涵。在

庆祝联合国成立 50 周年时，中国赠送了"世纪宝鼎"；当年江泽民同志访问俄罗斯时，赠送了一盘录有第二次世界大战期间苏联人民反法西斯斗争的有关资料和著名歌曲的录像带。这些都是有深刻思想和情感内涵的。

（四）要注意受赠对象的禁忌

禁忌的产生大致有几个方面的原因：

一是纯粹由受赠对象个人原因所造成的禁忌。例如，向一位从来不抽烟、不喝酒的长辈赠送烟酒，向一位刚刚丧妻的男士赠送情侣表、情侣帽、情侣眼镜，都可能会让对方不舒服。

二是由于受赠对象的自尊和在某些方面的不足而造成的禁忌。1989 年，英国前首相撒切尔夫人送给法国前总统密特朗一本英国作家狄更斯于 1859 年撰写的小说《双城记》。这部小说把法国大革命时期的暴力和恐怖同当时英国生活的平静做了比较。法新社当即评论说："这份礼物不能平息法英两国在本周末巴黎七国首脑会议上的争执，甚至可能适得其反。"可见民族自尊心使密特朗对此难于领情。

三是由于风俗习惯、宗教信仰、文化背景以及职业道德等不同而形成的公共禁忌。这就更不能忽视了。比如在我国，一般不能把与"终"发音相同的钟送给上年纪的人；友人之间忌讳送伞，因为"伞"与"散"谐音。意大利人忌讳送手帕，因为手帕是亲人离别时擦眼泪之物；而向妇女赠送内衣在欧美国家的风俗中是很失礼的。另外，"13"这个数目在欧美一些国家更是送礼时应当避开的。茉莉花和梅花也不要送给中国香港人，因为"茉莉"与"没利"谐音，梅花的"梅"与倒霉的"霉"同音。中国内地的人送礼不会送"小棺材"，但中国香港人青睐红木制作的小型棺材摆件，寓意为"升官发财"。

一般来说，在国内、国际正式的社交活动中，因公赠送礼品时，不允许选择以下几类物品作为赠予交往对象的礼品：一是现金、信用卡、有价证券；二是价格过于昂贵的奢侈品；三是烟、酒等不合时尚、不利于健康的物品；四是易使异性产生误解的物品；五是触犯受赠对象个人禁忌的物品。

三、馈赠时机

送礼，要把握住时机。人们一般总不会无缘无故地接受别人的礼物。所以找不准送礼的时机，往往会"自作多情"，让人误解，甚至引起对方的不快。

当你在生活和工作中遇到困难，得到了亲朋好友的大力帮助时，你要送礼以表示真诚感谢；当你接到别人的馈赠时，你应选择价值超过赠品的礼物回赠；当遇到亲朋好友结婚、乔迁、寿诞、生小孩、结婚纪念等可喜可贺的大事时，你应当送礼以表示祝贺；当亲朋好友或其亲属患病时，也应备礼相送以示慰问、关心；当重要的节日如元旦、春节、元宵节、端午节、中秋节、重阳节等到来时，亲朋好友、同学同事互相探望、聚会，可备薄礼，以示共贺；年幼者看望年长者时，可送一些老人喜欢的食物、酒类和水果，以表孝心。另外，同学数载，毕业后各奔东西；战友几年，转业后天各一方；亲朋好友，要远渡重洋留学异国他乡……这些都免不了要赠送一些有意义的礼物作为纪念。

礼品一词实在是人类的一个了不起的"发现"和"发明"。它使人们时时感觉到生活在一个互相关怀的温暖的群体中。不同的礼品凝聚着不同的"需要"元素，甚至一件礼品中也包含着多种"需要"元素：爱、尊重、安全、自我实现感等。送礼艺术的高明往往体现在当对方某种需要出现匮乏时，你及时加以了弥补。

古语道："往而不来，非礼也；来而不往，非礼也。"既然是礼品，总有赠送者和接受者，但一个人不可能永远是赠送者，也不可能永远是接受者，两者之间的角色往往是互换的。礼尚往来，人之常情。礼品的特殊使命就是通过赠予与回赠的过程来实现的。送礼者所赋予礼品的含义或信息是否被接受者所领悟，答案往往就体现在回赠的礼品中。因此，回赠礼品不是简单的重复，它同样具有很高的艺术性，甚至更见"功力"。

四、馈赠礼规

要使对方愉快地接受馈赠并不是件容易的事情，因为即便是你精心选择的礼品，如果不讲究赠送礼品的艺术和礼仪，也很难使它达到应有的效果，甚至会适得其反。

（一）注意礼品的包装

精美的包装不仅使礼品的外观更具艺术性和高雅的情调，显现出赠礼人的文化素养和艺术品位，而且还可以避免给人以俗气的感觉。包装可以自己设计，也可以到礼品包装店让人家代为完成，且包装材料的色彩要挑受礼者喜欢的颜色。包装完毕再贴上写有祝词和签名的缎带或彩色卡片，以表达自己的情感和诚意。

（二）注意赠礼的场合

赠礼场合的选择是十分重要的。通常情况下，当着众人的面只向某一位赠送礼品是不合适的，给关系密切的人送礼也不宜在公开场合进行。只有象征着精神方面的礼品才适宜在众人面前赠送，如锦旗、牌匾、花篮等。

（三）注意赠礼时的态度和动作

赠送礼品时，需要平和友善的态度、落落大方的动作并伴有礼节性的语言。这样才宜于受礼者接受礼品。那种做贼似的悄悄将礼品置于桌下或房中某个角落的做法，不仅达不到馈赠的目的，甚至会事与愿违。

（四）注意赠礼的时间

通常情况下，赠礼选择在相见或道别时，是最为恰当的。

五、赠花

花是春天的使者，是美和友谊的象征，是国家、城市的象征。人们爱花，赞美花。古往今来，有许多关于花的佳话和轶事流传。

朋友之间以花为礼品相赠，用花表达人们的愿望和友情，赋予花一定的意义，这就是"花语"。关于花语、国花、市花等内容，本书其他章节中有说明，这里只谈赠花的方式。

（一）献花

献花是在比较隆重、庄严的场合下进行的，它适合于较高的礼仪场合。

（1）当外国领导人或者团体首领及在国际上有崇高威望的学者来访时，或者是我国领导人出访归来时，一般要在机场、车站或规定的欢迎仪式上献花。所献的花必须是鲜花，且是象征友谊、团结的花，忌用任何黄色的花。向外宾献花习惯上是用鲜花扎成的花束，并且要保持整洁、鲜艳。有的国家习惯向贵宾献上由名贵鲜花结成的花环，贵宾要把它戴在脖子上；还有的国家习惯给外宾送一两枝名贵的切花。

（2）当运动员在大型的国际比赛中获得前三名时，通常是由官员、知名人士或礼仪小姐向他们献上鲜花。观众也可向取得优异成绩的运动员投掷鲜花，表达敬意和祝贺的心情。

（3）在一些大型的文艺演出之后，为了表示对演员精彩表演的感谢和祝贺，也可向演员献鲜花或花篮。

（4）在一些重大的庆功会、表彰会上，为了表示对功臣、劳模、英雄人物的敬意，通常是领导人在礼仪小姐的引导下向模范人物献花。

（二）花篮

在结婚典礼、寿庆或一些企事业单位的庆典活动中，为了表示祝贺，亲朋好友或关系单位常送花篮。花篮常由代表美好、希望、友谊、祝愿的鲜花编成。花篮的左右两边还常系上用彩纸写成的条幅，也可称为礼笺。花篮一般是在庆典仪式开始前送达。

（三）花束

送花束的形式多是在探望朋友、送别亲友、和恋人约会、结婚纪念、亲友生日、看望病人时采用。花束可选择寓意不同的切花组合而成，外加包装纸和红丝带。具体送什么花束，要根据不同的场合和表达的不同意义来决定。

（四）襟花

它通常是男子送给女友的小礼物。在某些喜庆场合，男子也可以在上衣的左胸之前别一朵鲜花。襟花应与所穿衣服色彩协调。

（五）盆花

品种名贵的盆植花卉是人人喜爱的礼物，可以祝贺朋友迁居或送给长辈。

同一种鲜花，在不同的国家、不同的民族，往往会被赋予不同的寓意，所以在送花时必须了解赠送对象的风俗习惯和花的不同寓意，从花的品种、色彩、数量等方面注意对方的送花禁忌，避免出现不愉快的后果。

总的来说，送什么花，送多少，采用什么方式送，要视具体的场合而定。古人曾以花为媒，今人常以花为礼，其寓意都是美好、吉祥的。

[思考题]

1. 拜访前如何预约？
2. 拜访礼仪有哪些？
3. 接待礼仪有哪些？
4. 电话接待时应注意哪些礼仪？
5. 怎样选择礼品？

第五章

聚会和庆典活动礼仪

第一节　宴请礼仪

一、宴请的种类与形式

宴请的种类较多，根据宴请的目的可分为迎送宴会、答谢宴会、喜庆宴会、祝寿宴会及商务宴会等；根据餐别的不同可分为中餐宴会和西餐宴会。宴请的形式，根据宴请的目的、出席人员的身份和人数的多少而定。常见的宴请形式有以下几种：

（一）宴会

宴会，是举办者为了表达敬意、谢意，或为了扩大影响等目的而专门举行的招待活动。在层次上，有国宴、正式宴会、便宴之分；按举行的时间而论，有早宴、午宴、晚宴之别。因此，其隆重程度、出席规格以及菜肴的品种与质量等均有区别。一般来说，晚上举行的宴会较之白天举行的更为隆重。

（1）国宴。这是指国家元首或政府首脑为国家庆典或在外国元首、政府首脑来访时举行的宴会。其规格最高，要排座次。宴会厅内要悬挂国旗，安排军乐队演奏国歌及席间乐，主、宾双方要致辞、祝酒。

（2）正式宴会。除不挂国旗、不奏国歌以及出席人员不同外，其安排大体与国宴相同，宾、主均按宴会的要求着装，按身份就座，菜肴、酒水、餐具均应讲究质量和特色，服务要求规范。

（3）便宴。这是一种非正式宴会。常见的有午宴、晚宴，有时也有早宴。这类宴会形式较随便、气氛亲切，可以不排座次，不做正式讲话，菜肴道数也可酌减。家宴是便宴的一种形式，即在家中设便宴招待客人，往往由主妇亲自下厨烹调，家人共同招待。

（二）招待会

招待会是指各种不备正餐的宴请形式，备有食品、酒水、饮料，通常不安排座位，可以自由活动。

（1）冷餐会。菜肴以冷食为主，也可以用热菜；主客可自由活动，自取食物；酒水可自取，也可由招待员端送。冷餐会在室内或院里举行均宜，可设小桌、座椅，自由入座，也可不设座椅，站立进餐。规格和隆重程度可高可低，时间一般安排在中午 12 点至下午 2 点，或下午 5 点至晚上 7 点。

（2）酒会。酒会，又称鸡尾酒会，以招待酒水为主，略备小吃；不设座椅，仅设小桌，可以随便走动；举行的时间也较灵活，中午、下午、晚上均可。请柬上往往注明整个活动的持续时间，客人可在其间任何时候入席、退席。酒会不一定都用鸡尾酒，但通常酒类品种较多，并配以各种果汁，一般不用或少用烈性酒。食品多为三明治、小香肠、炸春卷等小吃，以牙签取食。饮料和食品由招待员用托盘端送，或部分放置在小桌上供人们自取。这种招待会形式较活泼，便于广泛接触交谈。

（三）茶会

茶会是一种更为简便的宴请形式，主要是通过请客人品茶进行交谈。茶会通常设在客厅、花园或会议厅，不排座次；举行时间一般在上午 10 点或下午 4 点左右。茶会对茶叶、茶具都有所讲究，以体现一定的茶文化特点。茶具要用陶瓷器皿而不用玻璃杯，用茶壶而不用热水瓶，还要略备点心或地方风味小吃。

（四）工作进餐

工作进餐是现代交际中经常采用的一种非正式宴请形式。这种宴请只请工作人员，不请配偶及与工作无关的人员。工作进餐按时间分为早餐、午餐和晚餐。双边工作进餐往往排席位，为便于谈话，常用长桌。

二、宴请者礼仪

（1）确定宴请的目的、名义、对象、范围和形式。宴请的目的是多种多样的，可以为某一件事，也可以为某个人而举行；宴请可以个人的名义邀请，也可以单位的名义邀请客人。具体情况可根据主、宾

双方的身份而定。

宴请对象和范围，包括邀请哪些方面的人士出席，客人请到哪一个级别，请多少人。宴请范围要兼顾多方面因素，如宴请性质，主、客身份对等，惯例及习俗，等等，并在此基础上加以确定。宴请的形式，可根据宴请的目的、规格、活动内容、人数多少而定。

（2）确定宴请时间和地点。宴请应选择对主、客双方都合适的时间。外事宴请一般不选择对方国家的重大节日、重要活动之际或者禁忌的日子。时间安排最好事先征询主宾意见，然后再做决定。

宴请的地点要按活动性质、规模大小、宴请形式、宾主熟悉程度及意愿、经费能力来确定。

（3）发出邀请。各种宴请一般均发请柬，这既是礼貌，同时也起到提醒被邀请人的作用。

请柬一般要提前 3 ~ 7 天发出。正式宴会，最好还要在发出前安排好席位，并在请柬的信封下角注明席位号。请柬发出后，应及时落实应邀情况，以便于安排、调整和布置。

（4）拟定菜单。拟定菜单要根据宴请的目的、形式、规格、时间和季节等，本着节俭和使宾客满意的原则，在一定的标准内安排。选菜不以主人的喜好为准，主要考虑主宾的喜好和禁忌。如果客人有特殊要求，那么也可以单独为其上菜。大型宴请，则应照顾到各个方面。选菜时要注意合理搭配，包括荤素搭配，色彩组合，营养构成，时令菜与传统菜肴的搭配，菜肴道数与分量要适宜，等等。

（5）桌次和席位的安排。宴会的桌次安排最为讲究。中餐宴会习惯使用圆桌，桌次的安排可根据宴会厅的形状来确定。无论多少桌，其排列原则大致相同，即主桌排定后，其余桌次的高低以离主桌的远近而定，离主桌越近的桌次越高，离主桌越远的桌次越低，平行桌以右为高，左为低。如果桌数较多时，应摆设桌次牌。

下面是几种不同桌次的常规排列方法（见图 5 – 1 至图 5 – 10）。

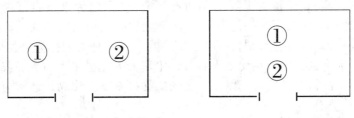

图 5 – 1　桌次排列方法一　　　　图 5 – 2　桌次排列方法二

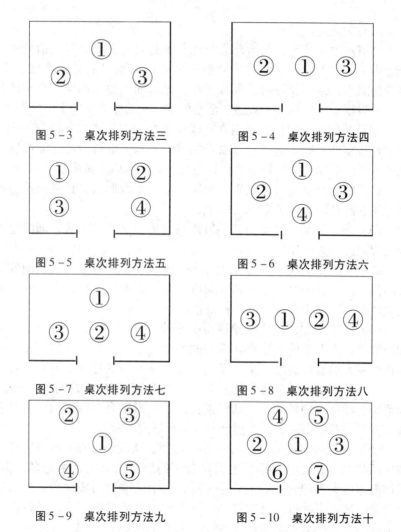

图 5 - 3　桌次排列方法三　　　　图 5 - 4　桌次排列方法四

图 5 - 5　桌次排列方法五　　　　图 5 - 6　桌次排列方法六

图 5 - 7　桌次排列方法七　　　　图 5 - 8　桌次排列方法八

图 5 - 9　桌次排列方法九　　　　图 5 - 10　桌次排列方法十

　　座次排序基本规则是："以右为上①（国际惯例）；居中为上（中央高于两侧）；前排为上（适用所有场合）；面门为上（良好视野为上）；以远为上（远离房门为上）。"席位的高低与桌次的高低原理基本相同，即右高左低，先右后左。按国际惯例，座席安排应男女穿插，以女主人为准，主宾在女主人右方，主宾夫人在男主人右方。我国习惯按职务高低安排席位，以便于交谈。如果有女士出席，通常应把她

――――――――――

　　①　我国左右尊卑的划分在不同时期、不同的场所有不同划法。

们安排在一起，主宾坐在男主人右方，主宾夫人坐在女主人右方。两桌以上的宴会，其他各桌中第一主人的位置可以与主桌主人位置相同，也可以面向主桌的位置为主位。如遇一些特殊情况可灵活掌握。席位的安排示意图如图 5－11、图 5－12 所示。

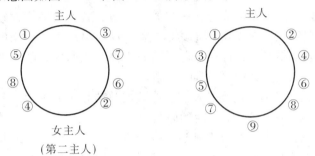

图 5－11　席位安排一　　　　　图 5－12　席位安排二

此外，在安排客人的座位时，还应考虑客人之间是否相识，有无共同语言。如果事先已了解到一些人想通过宴会彼此相识，就可以有意识地将他们安排在一起就座。最好在宴会开始前，主人就为大家做一番介绍，以便相互了解，促使宴会气氛更融洽。

宴席之外，其他不同场合，座位也非常有讲究。例如，会议座次：首先是前高后低，其次是中央高于两侧，最后是左高右低（中国政府惯例）和右高左低（国际惯例）。主席台座次，中国惯例，以左为尊，即左为上，右为下。当领导同志人数为奇数时，1 号领导居中，2 号领导排在 1 号领导左边，3 号领导排在 1 号领导右边，其他依次排列。当领导同志人数为偶数时，应该是 1 号领导、2 号领导同时居中，1 号领导排在居中座位的左边，2 号领导排右边，其他依次排列。合影座次安排与主席台座次相同。

（6）餐具准备。根据宴请人数和菜的道数，准备足够的酒具、餐具，并洗净、消毒、擦亮，按中、西餐的要求摆放整齐。

（7）迎客。不论什么形式的宴请，主人一般都要到门口迎接客人。若是官方的正式活动，还可以由少数主要官员陪同主人夫妇排列成行迎宾，通常称为迎宾线。开宴前主人应陪同主宾一道入席。

（8）宴会致辞。一般西方国家习惯将宾、主致辞安排在热菜之后、甜食之前。我国的做法是一入席先讲话、后用餐。冷餐、酒会安排讲话可灵活掌握。

正式宴会在吃完水果后，主人与主宾起立，宴会即告结束。主宾告辞时，主人送主宾到门口，原迎宾人员按顺序排列送客。

三、赴宴者礼仪

（1）准时出席宴会。被邀请人接到邀请后，对能否出席应尽早答复对方，以便主人及时安排。一旦答应对方，就不要随意改动，万一有特殊情况实在不能出席，尤其是主宾，应尽早向主人做出解释，深致歉意，以取得主人的谅解。若没有特殊情况或原因，赴宴者应按宴请的时间、地点及其他要求准时出席。

（2）仪表整洁。赴宴者要注意服装的整洁和个人卫生。若是参加正式宴会，应穿请柬上所规定的服装。

（3）按位落座。赴宴者到达宴会地点后，应先向主人或其他来宾问候、致意，然后按照主人事先安排好的桌次和席位入座。如未设座席卡，则应听从主人安排，不可随意乱坐。落座时，应从座椅的左侧入座。若同桌中有领导、长辈和女士，应待其就座后自己再坐下，坐下后，要注意自己的坐姿，不要紧靠在椅背上，也不要用手托腮或双臂放在桌上，更不能趴在餐桌上。

（4）进餐要求。用餐前先将餐巾打开铺在膝上；上菜后，经主人招呼，即可开始进餐。用中餐时，要注意筷子的使用；用西餐时，应右手持刀，左手握叉。餐别不同，礼仪要求也不一样，但总的来说，吃东西要文雅，闭嘴咀嚼，不要发出声音。如汤、菜太热，可待稍凉后再吃，切勿用嘴吹。进餐时，不要打喷嚏、咳嗽，万一不能抑制，必须把头转个方向，用手帕掩住口鼻。在主人与主宾祝酒时，应暂停进餐，停止交谈，注意倾听；与他人碰杯时，要目视对方以示致意。

（5）礼貌告别。宴会结束，赴宴者起身离座时，男宾应先起身，为年长者或女士移开座椅；主宾先向主人告辞，随后是一般来宾向主人表示谢意；男宾先向男主人后向女主人告辞，女宾则相反。

（6）宴会后致谢。西方人一般在较正式宴会或家宴之后，还要给女主人寄一封感谢信，或打个电话表示感谢。

第二节　舞会和晚会礼仪

一、舞会礼仪

舞会又称交际舞会，亦称交谊舞会，现已成为一种被广泛采用的

社交活动形式。

（一）组织舞会的礼仪

（1）选择适当的时间。舞会一般在周末、节假日或开幕式、闭幕式的晚上举行。

（2）安排舞伴。邀请的客人应男女人数相当；对已婚者一般是邀请夫妇二人。较正式的舞会要发请柬。

（3）布置场地。舞会的场地要考虑人数的多少，大小适中。场地布置应雅致、美观，可用花卉、彩带和各种彩色灯装饰；地面要清洁平整并打蜡使之光滑；灯光要稍暗，光线要柔和。

（4）选好舞曲。较正式的舞会最好安排乐队伴奏，营造隆重、热烈的气氛。一般的舞会可播放唱片、磁带伴奏。在选定舞曲时，要注意舞曲的节奏、速度和众人熟悉的程度，以及乐曲的演奏次序；舞曲长短要适宜，且要适合主宾的年龄。

（5）其他准备工作。举办舞会时，要在舞池边准备休息用的椅子，必要时还可准备些茶水、饮料及食品，以便客人休息时取用。

（二）参加舞会的礼仪

1. 着装要求

参加舞会时，无论是组织者还是参加者，服饰都要整洁、大方，尽可能与环境融为一体。男士应着西装，女士应选择华丽大方、色彩鲜艳的服装。另外，男士不能穿短裤、背心、拖鞋和凉鞋，女士不可以赤腿露脚穿凉鞋，这些都是舞场上力戒的穿着。

2. 邀请舞伴礼仪

交际舞的特点是男女共舞。在正常情况下，两个女性可以同舞，但两个男性却不能同舞。只要参加了舞会，男女即使彼此不相识，也都可以互相邀请，通常是由男士主动邀请女士共舞。男士邀请舞伴时应姿态端庄、彬彬有礼地走到女士面前，微笑点头，同时伸出右手，掌心向上，指向舞池，并说："我可以请您跳舞吗？"如果被邀女士的丈夫或父母在场，要先向他们致意问候，得到同意后方可邀请女士跳舞。待舞曲结束后，要把女士送回原座并致谢。

3. 拒绝邀请礼仪

参加舞会不仅要求男士彬彬有礼，女士也应落落大方。如果女士要拒绝某位男士的邀请时，应遵循以下原则：

（1）女士如不愿与前来邀请的男士跳舞，应婉言谢绝，而不能蛮横无理或露出轻视别人的表情。一旦婉言谢绝别人的邀请后，在一曲未终时，自己就不要再同别的男性共舞，否则，会被认为是对前一位邀请者的蔑视，会对前者造成自尊心的伤害，这是很不礼貌的。

（2）如果女士已接受某位男士的邀请后，对再来者应表示歉意。如果自己愿意同他跳舞，可以告诉他下一曲再与之共舞。

（3）当女士拒绝某位男士的邀请后，如果这位男士再次前来邀请，且无不礼貌的举止和表现，在无特殊情况的条件下，不妨答应与之共舞。

（4）如果两位男士同时邀请一位女士跳舞，最礼貌的做法是同时礼貌拒绝两位邀请者。如果已同意其中一位的邀请，对另一位则应表示歉意，礼貌地说："对不起，下一曲与您跳好吗？"

4. 跳舞者的风度

（1）跳舞者舞姿要端正、大方和活泼，整个身体应始终保持平、正、直、稳，无论是进、退，还是向左、右方向移动，都要掌握好重心。跳舞时，男女双方都应面带微笑，表情自然，不要左顾右盼、心不在焉或表现出不耐烦的样子；说话要和气，声音要轻细，不要旁若无人地大声谈笑。

（2）跳舞时动作要协调舒展，和谐默契，双方身体应保持一定距离。男方不要强拉硬拽，女方不可挂、扑在对方身上，或臀部撅起、耸肩挺腹，驼背屈身，这样不但让对方有不胜负担之苦，自己也有失雅观。

（3）男方用右手扶女方腰时，正确的手势是手掌心向下向外，用右手拇指的背面轻轻将女方挽住，而不应用右手手掌心紧贴女方腰部；男方的左手应让左臂以弧形向上与肩部呈水平线抬起，掌心向上，拇指平展，只将女伴的右掌轻轻托住，而不是随意地捏紧或握住。女方的左手应轻轻地放在男方的右肩上，而不应勾住男方的颈脖。跳舞时双方握得或搂得过紧，都是有失风度的。

5. 舞场上的其他礼节

参加舞会前不要吃葱、蒜等带有异味的食品，不喝烈性酒；不要在舞厅里大声喧哗，也不要在舞池里来回穿梭；不要在舞场内吸烟，应注意保持场内清洁卫生。

二、晚会礼仪

（一）组织晚会的礼仪

（1）选定节目。要从组织活动的目的出发，针对客人的兴趣与现

实的可能，精选节目。一般应选择能体现本国民族风情的节目，并要对节目内容有所了解，以免因政治内容或宗教信仰、风俗习惯等问题引起误解和不愉快。

（2）发出邀请。发出邀请的具体工作与宴请活动大致相同。发邀请时，要考虑场地的容纳量，一定要给客人准备足够的座位，以避免座位不足的尴尬。

（3）座位安排。看节目的座位，一般应根据客人的身份事先排定。看文艺节目，一般以第七、第八排座位为最佳。专场演出，通常把贵宾席留给主人和主要客人，其他客人可以排座位，也可以自由入座。如要求对号入座，应将座位号与请柬一起发出。

（4）入席与退席。专场演出，可安排普通观众先入座，主宾席客人在开幕前由主人陪同入场。在演出过程中，不得退场。演出结束，应全场起立向演员热烈鼓掌表示感谢，一般观众待贵宾退场后再离去。

（5）献花。许多国家习惯在演出结束后向演员献花。但此种安排应主随客便，主人一般不提示客人献花，更不应要求客人上台与演员握手。

（6）摄影。许多国家禁止在演出中摄影，这一方面是为了保证演出效果，另一方面也是为了维护剧团专利。而我国为招待国宾举行的专场文艺演出，可以拍摄新闻照片等。

（7）节目单。各种文艺节目，应备有节目单，并提前发给客人。

（二）参加晚会的礼仪

接到请柬后能否出席，应尽早回复主人，以免剧场空缺，影响气氛。

参加晚会时，服装要整洁。西方人对于晚会等正规场合的礼服穿戴非常重视，因为服装穿着是否得体，可以体现一个人的修养程度，也关系到你对别人是否尊重和别人对你的评价。

如请柬中无座号，到现场后应按本人身份了解座位的分配情况后再入座，切勿贸然行事。如有座号，则应对号入座。

在演出中，应保持肃静，不要高声喧哗，不要交头接耳、窃窃私语，更不能打瞌睡；鼓掌应掌握尺度，不要让演员下不来台，更不能吹口哨。演出结束，应报以热烈的掌声，以示感谢。

另外，在观看演出时，应注意保持演出场所的环境卫生，不要嗑瓜子，或将果皮、包装物随手乱扔，也不要吸烟。

第三节 婚寿庆丧礼仪

一、婚礼

根据我国婚姻法的规定，男女双方只要履行一定的法律手续，如登记、公证，就可以建立婚姻关系。在旧时，因为没有婚姻法，所以都是以举行婚礼来表示婚姻关系成立的。由于举行婚礼的习俗相沿已久，故现在的男女结婚，除办理法律手续外，仍要举行婚礼。这实际上是一种助兴的形式，它并不具有任何法律上的作用。

婚礼的形式，与一定时期的经济、文化发展水平相适应，又因各个民族、地区、家庭习俗以及新郎、新娘的文化素养不同而有较大的差别。但概括起来，总体上可分为新式婚礼和旧式婚礼。本节主要介绍新式婚礼的礼仪。

（一）新式婚礼的形式

举办新式婚礼，目前有三种不同的形式：

（1）集体婚礼。这种婚礼由有关组织主办，规模可大可小。一般情况下，由主办单位的负责人任证婚人，可安排文艺节目演出，或组织交谊舞会，以活跃婚礼气氛。这种婚礼简单文明，且有移风易俗、破旧立新的意义，受到人们的普遍欢迎。

（2）旅行结婚。旅行结婚就是新婚夫妇办好手续、商定好旅行路线、进行蜜月旅行的结婚形式。这种形式不仅可让新婚夫妇观赏各地秀美壮丽的山水，而且能增添新婚的幸福气氛。这种婚礼形式已为越来越多的人所接受。

（3）喜事新办。这种婚礼省去了许多繁杂礼仪，以举办结婚酒宴为主，把男女双方的亲友、宾客请到一起，热热闹闹地欢庆一番，就算举行婚礼了。

（二）新式婚礼的礼仪程序

在结婚当天宴会开始之前、亲朋好友到齐之后，通常都要举行婚礼仪式。一般包括以下几项程序：

（1）奏喜庆乐。播放欢快的乐曲，同时鞭炮齐鸣，司仪宣布婚礼开始，新郎、新娘随乐声步入宴会厅。

（2）行鞠躬礼。按司仪的安排，新人行礼通常分三个层次进行：首先，新郎、新娘向父母尊长行鞠躬礼；然后，新郎、新娘互相行鞠

躬礼；最后，新郎、新娘向全体来宾行鞠躬礼。

（3）介绍人讲话。介绍人可以简要介绍一下男女双方恋爱经过，并祝福新郎、新娘婚姻幸福美满。

（4）尊长或父母讲话。可以由来宾或亲友中辈分、声望较高者即席讲话，向新郎、新娘表示祝贺。

（5）新婚夫妇讲话。如新郎、新娘都不善讲话，也可变通为唱歌等形式，以示对所有来宾的谢意。

（6）宴会开始。这时，新郎、新娘应从主桌开始，逐席向来宾敬酒，婚礼的仪式至此告一段落。

酒宴之后，如有条件的话，还可以举办小型的舞会或放映电视录像和唱卡拉 OK 以助兴。

举行新式婚礼仍有让亲朋好友在认识新郎、新娘的基础上，肯定其姻缘的意思。因此，新郎、新娘应特别要注意礼貌地接待宾客，做到大方、耐心、周到。

（三）集体婚礼的礼仪程序

在集体婚礼上，证婚人可以兼任婚礼的司仪主持结婚仪式。其通行的程序大致为：

（1）婚礼开始，鸣鞭炮或奏乐。

（2）新郎、新娘入场。新郎、新娘手牵着手，在全体来宾的注目下，在阵阵花雨中，伴着欢快的乐曲声和热烈的掌声步入会场。

（3）证婚人和有关领导上主席台就座。

（4）新郎、新娘向家长、亲友行鞠躬礼。在集体婚礼中，新郎、新娘的家长一般在会场的前排就座，这时，应起立接受新郎、新娘的敬礼，并略微躬身答礼。

（5）新郎、新娘互行鞠躬礼。

（6）新郎、新娘向证婚人、出席婚礼的有关领导和来宾行鞠躬礼。

（7）证婚人或领导讲话。一般情况下，证婚人皆由地方或单位领导担任。他们在讲话中应向新婚夫妇表示祝贺，并提出一些希望。讲话要简明扼要、热情洋溢。

（8）家长代表讲话。可以事先在参加集体婚礼的家长中推出代表，其在讲话中，既要表达对下一代的祝愿和期望，也要对有关领导和来宾出席集体婚礼表示感谢。

（9）新婚夫妇代表讲话。其内容主要是感谢领导和亲友出席婚礼，并表示新婚夫妇婚后努力学习和工作的决心。

（10）赠礼。由主办集体婚礼的单位向新婚夫妇赠送纪念品，通常是书籍、镜框等有纪念意义的物品。

（11）文娱活动。至此，婚礼即告结束。

二、寿诞礼仪

我国民间，习惯以 100 岁为上寿，80 岁为中寿，60 岁为下寿。由 60 岁开始，岁数逢 5、10 或 9（"久"的谐音，寓意延年益寿）都要举行较为隆重的祝寿活动。

主办祝寿活动的人家，应预先设立寿堂。寿堂正中用纸或绸剪贴一个大红"寿"字；有的则挂一幅由书法家书写的"百寿"于中堂。现代人的祝寿活动，通常只在寿辰的当天举行，亲朋好友前来聚会致贺，同辈一般为握手，晚辈或儿子只需鞠躬就行。接到邀请参加祝寿活动请柬的亲友，要准备一些寿礼。寿礼一般可选包装精美、做工精细的，含有祝贺健康长寿、吉祥如意意义的食品或物品。

生日聚会是近年来兴起的一种新潮仪式，地点随意而定，宴会丰俭由己，内容灵活多样。在《祝你生日快乐》的歌曲声中，寿星吹灭蜡烛，吃生日蛋糕。这不仅是对主人的热情祝福，也可增进朋友间的友谊。如今，生日活动越来越丰富多彩，庆祝生日可以是一帧彩照、一篇日记，也可以是一桌家宴、一次郊游。作为人生道路上的里程碑，它既有催人向上、不断进取的作用，又能在喜庆的气氛中体现人间真情。

三、丧葬礼仪

据分析，丧葬有两种功能：一是理性地处理逝者遗体；二是宣泄生者的情感。随着时代的发展，烦琐的、带有迷信色彩的丧葬旧俗多已泯灭，代之以文明、节俭、郑重的丧葬礼仪。一个人去世了，可由亲属或组织在报纸上发讣告，或用口头和书信形式向亲友报丧。对那些为社会做出过重要贡献的人的去世，要组成治丧委员会负责治丧工作。

追悼逝者，现在一般都采用举行遗体告别仪式的形式。遗体告别仪式的一般程序是：

（1）会场布置。会场要庄严肃穆，一般在会场中央放遗体和遗像，旁边安放亲属送的花圈，会场中央上方悬挂白纸黑字的"××遗体告别仪式"横幅。

（2）由事先委托的逝者亲友，在会场门口代表家属迎候别的亲友和来宾，发放白花或黑纱。

（3）宣布遗体告别仪式开始，奏哀乐、默哀。

（4）由治丧委员会代表或单位主要领导（无单位领导参加则为逝者家属的代表）宣读悼词。

（5）来宾致悼词或发言。

（6）众人绕遗体一周向遗体告别。

（7）向逝者亲属表示安慰。

（8）在哀乐声中将遗体送去火化。

（9）遗体告别仪式结束。

为了表示对逝者的怀念，吊唁时可送一个花圈，也可只在准备好的签到簿上签名。送花圈，是人们向逝者表达悼念与敬意的一种形式。因此，花圈上要有挽词，让人看出敬献花圈的人与逝者的关系。

挽词大致是上联写称谓：对同事、同学等可写"××同志安息""沉痛悼念××同志"；对家人、亲戚可写"××（称谓）千古"，对父母则应直接写称谓而不提名字，如"父亲大人千古"；对配偶则可仅写名字，如"××安息吧"。

下联应表示与逝者的关系：对同事、同学等一般写"××敬挽"；对亲戚可先写称谓后写名字，如"甥××敬挽"；对父母、配偶不能写"敬挽"，应写"泣血"（父母）或"泣挽"（配偶）。

但目前不少城市禁止送花圈，这是移风易俗的又一创举，值得提倡。

参加遗体告别仪式时，要注意自己的着装应与遗体告别仪式的气氛相适宜。神态要凝重，说话要低声；要尊重逝者家属的安排，遵守会场秩序。

作为亲友，接到讣告如不能亲自参加吊唁活动，应对逝者的家属致唁函或唁电。唁电或唁函应发给报丧的单位，或家属中的长者；若有治丧委员会，则发给治丧委员会而不发给个人；如请人代办花圈等事宜，亦应在其中加以说明。

第四节　开业典礼

开业典礼是企业（公司）或店铺在成立或开张时，经过细心策划，按照一定的程序专门举行的一种庆祝仪式，以达到宣传企业、扩大知名度、塑造自身良好形象的目的。它体现出企业或企业领导的组织能力、社交水平及其文化素质，往往会成为社会公众取舍和亲疏企业的重要标准，是企业发展的第一个里程碑。

一、开业典礼的准备

（1）做好舆论宣传工作。企业（公司）或店铺可运用传媒广泛发布广告，或在告示栏中张贴开业告示，以引起公众的注意。这些广告或告示的内容一般包括开业典礼举行的日期、地点、企业的经营范围及特色、开业的优惠情况等。

（2）精心拟定出席典礼的宾客名单。邀请的宾客一般应包括政府有关部门负责人、社区负责人、知名人士、同行业代表、新闻记者、员工代表以及公众代表等。对邀请出席典礼的宾客要提前将请柬送达其手中。

（3）确定典礼的规模和时间。

（4）确定致贺、答词人名单，并为本单位负责人拟写答词。

（5）确定剪彩人员，并准备用具。参加剪彩的除本单位负责人外，还应请来宾中地位较高、有一定声望的人共同剪彩。

（6）安排各项接待事宜。应事先确定签到、接待、剪彩、摄影、录像等有关服务人员，这些人员要在典礼前到达指定岗位。

（7）布置环境。开业典礼一般在单位门口举行。为了烘托出热烈、隆重、喜庆的气氛，可在现场悬挂"×××开业典礼"或"×××隆重开业"的横幅，两侧布置一些来宾的贺匾、花篮，会场周围还可张灯结彩，悬挂彩灯、气球等。

二、开业典礼的程序

典礼程序是指典礼活动的进程。一般情况下，典礼程序由以下几项组成：

（1）典礼开始。主持人宣布开业典礼正式开始，全体起立，鸣放鞭炮，奏乐。

（2）宣读重要来宾名单。

（3）致贺词。由上级领导或来宾代表致祝贺词，主要表达对开业单位的祝贺，并寄予厚望。

（4）致答词。由本单位负责人致答词，其主要内容是向来宾及祝

贺单位表示感谢，并简要介绍本单位的经营特色和经营目标等。

（5）揭幕或剪彩。揭幕就是由本单位负责人和上级领导或嘉宾揭去盖在牌匾上的红布。剪彩的彩带通常是用红绸制作的，剪彩前应事先准备好剪刀、托盘和彩带。剪彩时，由礼仪小姐拉好彩带，端好托盘，剪彩者用剪刀将彩带上的花朵剪下，放在托盘内。这时，场内应以掌声表示祝贺。

（6）参观座谈。

（7）欢迎首批顾客光临。

（8）举行招待酒会或文艺演出等。

以上程序可视具体情况有所增减，无须生搬硬套。总之，开业典礼的整个过程要紧凑、简洁。

三、参加开业典礼的礼仪要求

（1）参加人员要注意仪容仪表，并准时参加典礼，为主办方捧场。

（2）宾客可在典礼前或典礼进行时，送些贺礼，并写上贺词等。

（3）宾客见到主人应向其表示祝贺，并说一些祝兴旺、发财等吉利话语。

（4）宾客在致贺词时，要简短精练，注意文明用语，少用含义不明的手势。

（5）在典礼进行过程中，参加人员应做一些礼节性的附和，如鼓掌、跟随参观、写留言等。

（6）典礼结束后，宾客离开时应与主办单位领导、主持人、服务人员等握手告别，并致谢意。

由于开幕式和开业典礼有许多相似之处，这里就不再赘述。

第五节 签字和授勋仪式

一、签字仪式

（一）签字仪式适用的范围

国家之间通过谈判，就政治、经济、军事、科技、文化等某一领域内的相互关系达成协议，缔结条约、协定或公约时，一般都要举行签字仪式。当一国领导人出访他国，经双方商定达成共识，发表联合公报或联合声明时，也要举行签字仪式。各地区、各单位在相互交往中，通过会谈、谈判和协商，最终达成的有关合作项目的协议、备忘录、合同书等，通常也要举行签字仪式。

（二）签字仪式的准备

1. 准备待签文本和其他物品

待签文本的准备由举行签字仪式的主方与有关各方指定的专人共同负责，主要完成待签文本的定稿、翻译、校对、印刷、装订和盖火漆印等工作。签署涉外协议或合同时，应依照国际惯例，同时使用有关各方的母语，或使用国际上通行的英文和法文。待签文本应用高档、精美的纸张印刷，按规格装订成册，并用真皮、仿皮、软木等高档质料作为封面，以示郑重。同时还要准备好国旗、签字用的文具等物品。

2. 确定人员

举行签字仪式之前，有关各方应事先确定好参加签字仪式的人员，并向有关方面通报，以便主方做好安排。主签人员的确定随文件性质的不同而有所变化，有的由国家领导人主签，有的由政府部门负责人主签，还有的由地区或企事业单位负责人（通常是法人代表）主签。但不管属于什么样的签字仪式，双方主签人的职位（身份）应大体相当。参加签字的各方，事先还要安排一名熟悉仪式程序的助签人员，签字时给文本翻页，并指明签字处，防止漏签。其他出席签字仪式的陪同人员，基本上是参加谈判的全体人员，双方人数以相等为宜。为了表示对所签合同、协议的重视，双方常对等邀请更高级别的领导人出席签字仪式。

3. 布置现场

由于签字的种类不同，各国的风俗习惯不同，因而签字仪式的安排和签字现场的布置也不尽相同。

（1）有些国家在签字厅内设置两张方桌为签字桌，双方签字人员各坐一桌，双方的国旗分别悬挂在各自的签字桌上，如图5-13所示。

（2）有的国家是安排一张长方桌为签字桌，签字人分坐左右，但双方参加仪式的人员坐在签字桌前方两旁，双方国旗在签字桌的后面，如图5-14所示。

（3）我国的做法是在签字厅内设一张长方桌为签字桌，桌面覆以深绿色的台呢，桌后面放两把椅子，作为双方签字人员的座位，面对正门主左客右。座前摆列各自的文本，文本上端分别放置签字文具；桌子中间摆一旗架，悬挂双方国旗。双方参加仪式的其他人员，排列

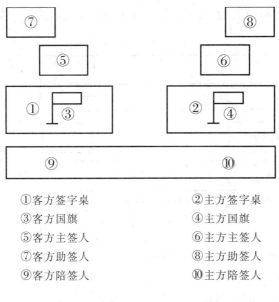

①客方签字桌　　　　②主方签字桌
③客方国旗　　　　　④主方国旗
⑤客方主签人　　　　⑥主方主签人
⑦客方助签人　　　　⑧主方助签人
⑨客方陪签人　　　　⑩主方陪签人

图 5-13　签字现场布置一

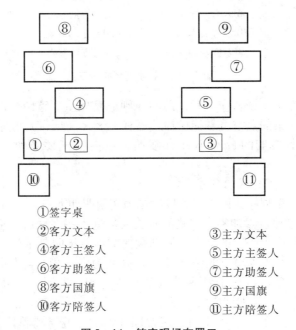

①签字桌
②客方文本　　　　　③主方文本
④客方主签人　　　　⑤主方主签人
⑥客方助签人　　　　⑦主方助签人
⑧客方国旗　　　　　⑨主方国旗
⑩客方陪签人　　　　⑪主方陪签人

图 5-14　签字现场布置二

于各自主签人的座位后面，助签人员站立于各自主签人的外侧，如图5-15所示。

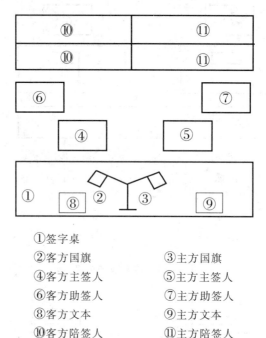

①签字桌

②客方国旗　　　　　　　③主方国旗

④客方主签人　　　　　　⑤主方主签人

⑥客方助签人　　　　　　⑦主方助签人

⑧客方文本　　　　　　　⑨主方文本

⑩客方陪签人　　　　　　⑪主方陪签人

图 5 - 15　签字现场布置三

不论签字现场怎样布置，总的原则应是庄重、整洁。地上可铺设地毯，签字桌的上空可悬挂横幅，写有"××（项目）签字仪式"的字样。签字桌上的台呢不许有破洞，室内空气要新鲜，厅内光线要明亮。

（三）签字仪式的程序

各国签字程序大同小异，以我国为例说明如下：

（1）就座。参加签字仪式的有关人员进入签字厅后，主签人按主左客右的位置入座，助签人（协助翻揭文本并指明签字处）站在主签人的外侧，其他人员以职位（身份）高低为序，客方自左向右，主方自右向左，分别站立于各主签人的后面。当一行站不下时，可遵照"前高后低"的原则排成两行以上。

（2）正式签字。签字时，应按国际惯例，遵守"轮换制"，即主签人首先签署己方保存的文本，而且签在左边首位处，这样使各方都有机会居于首位一次，以显示各方平等、机会均等；然后由助签人员互相交换文本，再签署对方保存的文本。

（3）交换文本。签字完毕，由双方主签人起立交换文本，并相互握手，其他陪同人员鼓掌祝贺。随后，由礼宾人员端上香槟酒，共同举杯庆贺。

（4）退场。签字仪式完毕后，应先请双方最高领导退场，然后请客方退场，主方最后退场。

如果有三四个国家缔结条约，其签字仪式大体如上所述，只是相应增加一些签字人员的座位、签字用具和国旗等。如果签订多边公约，则一般只设一个座位，由公约保存国代表首先签字，然后由各国代表依次轮流在公约上签字。

条约、协定签字后，通常还需由有关国家按国内法规定，经批准后履行互换批准书的手续或以外交照会方式相互通知后生效。

二、授勋仪式

（一）授勋对象及授勋人

授勋是指对有特殊贡献的人士授予勋章或给予其他特殊荣誉。许多国家对于对发展两国关系或开展某项活动有重大贡献的外国领导人，或外国驻本国使节，或其他知名人士，为了表彰其卓越功绩，可授勋章。对于有特殊贡献的政治活动家、科学家、教育家、艺术家等专家、学者，还可以授予名誉学位、名誉校长、名誉院长或名誉市民等荣誉称号。如果授予外国领导人勋章，而又是借外国领导人来本国访问的机会授予的，一般应由本国国家元首或政府首脑出面授勋；如果是在国外授予勋章的，一般委托外交使节出面授予，或者借本国国家元首或政府首脑出国访问之际授予勋章。对授予名誉学位、名誉校长、名誉院长等称号的，一般应由上级部门负责人，或者由本单位的主要负责人出面授予；情况特殊的，也可以由省级或市级负责人出面授予。

（二）授勋礼规

对外国人士授勋，可以采取多种形式。有的要专门举行一定的仪式，有的则可借会见、宴会或群众大会等场合授勋。

授勋的方式，一般是授勋人与被授勋者相对而立，中间相隔三四步。授勋人先宣读授勋决定，然后向前将勋章佩戴在被授勋者胸前，再将证书递交给被授勋人。有时授勋者与被授勋者还要先后致辞。

如果是一国专门举行的授勋仪式，则应在授勋大厅内设主席台和来宾席，授勋人和被授勋人站立在主席台上，授勋一方的政府高级官员、被授勋者的随行人员以及其他外国使节在来宾席就座。由仪仗队护卫两国国旗和勋章，在军乐声中进入授勋大厅，将两国国旗竖立于主席台两侧，乐队奏两国国歌；授勋人致辞，并宣读授勋决定，随即将勋章佩挂在被授勋人胸前，再递给勋章证书；最后由被授勋人致答词。

国家与地方政府授予勋章的对象为同一人时，地方政府举行授勋仪式的规格、规模等，均不得高于国家授勋仪式的标准。

[思考题]

1. 宴请者在举办宴会时应做哪些方面的准备工作？
2. 赴宴者的礼仪要求有哪些？
3. 简述参加舞会应遵循的礼仪要求。
4. 简述新式婚礼的礼仪程序。
5. 简述开业典礼的程序。
6. 举行签字仪式要做哪些准备工作？

第六章

语言礼仪

第一节　语言礼仪概述

　　语言是一种符号。鲁迅先生曾说："语言有三美，意美的感心，一也；音美的感官，二也；形美的感目，三也。"简洁的"三美"点出了语言和谐的要义。语言按其表达的方式，可分为四大类：一是有声语言（即言语）；二是书面语言；三是无声语言；四是类语言。语言礼仪是指语言应具有的礼仪规范。其目的是通过传递尊重、友善、平等的信息，给对方以美的感受，进而影响对方接受传递者的观点、信念，使利益关系在相互理解、协调、适应的过程中得以实现，从而完善个人形象和组织形象。

一、语言礼仪的特性

（一）情感性

　　在日常的交往沟通中，情感是语言礼仪传递的重要内容之一，同时，语言礼仪也是表现情感的载体之一。语言礼仪的情感性具体表现在：

　　（1）语言情感的符号表现。语言中有许多与人的情感相联系的明显的语言符号。语词一般分为褒义、贬义、中性三类。在交往活动中，应多用富有感情色彩的褒义词，少用中性词，避免使用贬义词。语言礼仪中的礼貌语，是最明显的情感性语言符号；而体态语则是情感性的外在表现，它往往和礼貌语结合在一起使用。它们不仅从视觉、听觉角度表示所固有的理性意义，同时也传递丰富细腻的情感，从而维系良好的人际关系。

（2）语言情感的语音表现。语言情感的语音表现主要集中在有声语言上，正所谓以声传意，以声传情。丹纳在《艺术哲学》中曾说："人的喜怒哀乐，一切骚扰不宁、起伏不定的情绪，连最微妙的波动，最隐蔽的心情，都能由声音直接表达出来，而表达的有力、细致、正确，都无与伦比。"这说明，语言在表意的同时，既包含内在的思想感情的色彩，又展示外在的高低、强弱、快慢、虚实的语音形式。一句话，就是说话人通过语音形式的变化，来表达丰富的情感。

语言礼仪表达中的情感必须适度，否则会影响传播的效果。要把握好情感表达的度，必须掌握好与理性信息内容相适应的情感程度，选择对方易于接受的情感表达方式，并注意让情感表达得自然、得体。

（二）规范性

语言礼仪的规范性是指在表达时特有的要求。这具体表现在：

（1）必须适合语境。语言表达时所处的具体环境，称为语境。它既包括时代、社会、地域、文化等宏观语境，又有沟通双方当时所处地位、环境等微观语境。在语言传播中，沟通双方所要表达的内容必须符合自己的身份地位，了解彼此的社会背景、文化传统以及个人经历和性格等因素，选用相应的语言表达方式，努力使内容和形式相统一，求得最佳的表达效果。根据语境，区分必须说的话、允许说的话和禁止说的话。语言礼仪主要使用必须说的话，辅以允许说的话，杜绝禁止说的话。

（2）必须遵循规范。语言表达时的规范包括语音、词汇、语法、修辞等方面的运用法则，以及声调、态势语方面的规则。

（三）暗示性

所谓暗示，是一种信号化的刺激。暗，含有隐蔽、含蓄、不公开的语义；示，有启示、告知、影响的意思。暗示，意即隐蔽地给人以启示。由于语言形式的多样，且涉及面较为广泛，因而使用时要善于运用不同的暗示方法。如用委婉语言暗示法和非自然语言暗示法来表现明显的含蓄的特点，靠接受者自己意会体验。同时，非自然语言是在不知不觉中进行的，并带有相当程度的可靠性。

（四）形象性和感染性

这个特性主要体现在无声语言上。人们通过体态、表情、动作等所表达的心意、情感是十分形象的。由于它的生动具体性，往往更能体现人们的心态，更具感染力。比如人悲痛到极点时欲哭无泪的神情

让人过目难忘，亲人久别重逢时热烈的拥抱震撼人心。在许多场合和情境中，人们常常会因词汇的贫乏而不能充分表达自己的心意而感到遗憾，此时，若借助自己的形体语言来表达则能收到良好的效果。人们常说的"此时无声胜有声"的氛围，大多就是由形体语言传递产生的效应。

二、语言礼仪的表达方法

语言礼仪是通过优化语言来增强表达效果的。其具体方式可因人、因事、因地而异。一般说来，语言礼仪的主要表达方式有以下几种：

（一）幽默法

幽默法是以诙谐、愉悦的方式来传播信息的。幽默与讽刺、否定性的滑稽等的最大不同就在于它所持的温和与宽容的态度。正如恩格斯所说："幽默是具有智慧、教养和道德上优越感的表现。"幽默法是语言礼仪的高级表现形式，它往往能润饰并协调人际关系，缓解紧张气氛。比如在公共场合，一个人踩了另一个人的脚后，没有及时向对方致歉，被踩的人就可以用幽默的语言表示意见说："对不起，是我的脚放得不是地方。"前者鉴于此，自然会向他道歉。

幽默法是在一定的语境下，通过语言的反常组合来实现的，即语言组合与人们的共识相违，完全超出人们预料的范围。例如，有位顾客在一家饭店吃完饭后，对饭店服务员说："你们的米饭真不错，花样繁多。"服务员显得很惊愕："不就是一种吗？"这位顾客接着说："不，有生的，有熟的，还有半生不熟的。"这位顾客采取先扬后抑的方式批评了饭店的工作，幽默感较强，而且极富情趣。

构成语言幽默意境的技法还有正话反说、偷换概念、别解等多种方式。不论以何种方法，都贵在机智、灵活、得体，使人听、读、看后，或惊喜交加，或啼笑皆非，或捧腹大笑，同时又回味无穷。这样，可减少社交中不必要的摩擦。

（二）委婉法

委婉，本是一种修辞手法，也叫婉转、避讳、婉曲。所谓委婉法，就是运用迂回曲折的含蓄语言表达本意的方法。实践证明，使用委婉的方法表达某种意思，常比直抒己见要婉转、高雅。

有一次，我国的一位外交官应邀参加了一场舞会，舞会上与之跳舞的法国女郎突然问道："请问先生，您是喜欢你们中国的小姐呢，还是喜欢我们法国的小姐？"这话问得突然、刁钻。如果回答喜欢中国的小姐，显然不合适，不够礼貌；如果回答喜欢法国的小姐又有违自尊。这位外交官微微一笑答道："凡是喜欢我的小姐我都喜欢。"外交官在这里灵活运用了划分（所谓划分，就是根据一定的标准，把一个属概念划分为几个种概念）的技巧，把小姐分为"喜欢我的"和"不喜欢我的"，就这么一变，既礼貌，又解决了难题，使交谈得以继续进行。

委婉法根据表达本意所需要的语言特点来划分，一般可分为讳饰式、借用式和曲语式等多种。不论用何种方法，都是通过一定的措词把话说得比较得体、文雅。

（三）模糊法

模糊，是自然界中物体类别间的一种客观性。这种客观性，导致了人们认识的不确定性。在自然语言中所使用的词有一部分是模糊词。例如，汉语中的概数词：上下、多少、左右等；副词：刚才、马上、永远、曾经、最、非常、略微等；时间名词：黄昏、拂晓、现在、过去等。所以，模糊性是语言的基本特征之一。

所谓模糊法，是运用不确定的或不精确的语言进行交际的方法。实践证明，在某种语言环境里，"模糊观念要比明晰观念更富有表现力……在模糊中能够产生知性和理性的各种活动"。

如宋玉在《登徒子好色赋》中用来描写美人的几句："增之一分则太长，减之一分则太短，著粉则太白，施朱则太赤。"如果换成精确的语言来表达，精确倒是有了，但不会给人留下深刻的印象，而使用了模糊语言，则十分生动形象。

人们对客观事物的认识不能一下子达到完全准确的境界，在一定的时期内，人们对某些客观事物的认识或多或少地存在着模糊成分。这时，可以运用模糊语言做出具有弹性的回答，以增强语言的灵活性，给交际双方都留下一个缓冲的余地。如"在适当的时间去贵国访问""研究研究""考虑考虑"等。

在交往中，对于一些刺激性或敏感性的话题，因实际情况不便于或不允许用精确词语来表达时，常常用模糊法作答。例如，一外国记者在采访时询问某飞机生产厂的发动机年产量，这属于机密，但若直接拒答则显生硬。该厂总工程师非常巧妙地答道："计划下达多少，我们就生产多少。"这样回答，在任何情况下都无懈可击，可谓是出奇制胜，恰到好处。

根据英国语言学家坎伯荪（R. M. Kempson）划分语言模糊性的原理，模糊法可分为宽泛式、回避式和选择式等多种。不论用哪种方法，

都要注意语境。即便在事物本身具有不确定性或者人们认识模糊，或者实际情况不便于、不允许用精确词语表述时，模糊语言也要力争达到明朗或明确，力戒含混。

（四）暗示法

暗示法是一种通过语言、行为或其他符号把自己的意向传递给他人，并引起反应的方法。

例如，某公司一位职员嗜酒成性，常常因此影响公司业务，这使公司经理深感头痛。怎样才能有效地劝告这位职员少喝些酒呢？经理思虑再三，想出了一个办法。一天，这位职员醉醺醺地来上班，发现办公桌上有一张字条，上面写有"7954"四个数字，落款是"××经理"，当时他百思不得其解。酒醒后，他醒悟到，经理是在提醒他："吃酒误事！"他很感激经理给他留了情面，没有当众斥责他。于是，他在字条上画了一个"蝉"的图形，并将字条交还给经理。经理见后，笑道："孺子可教也！"原来职员是用"蝉"表示"知了——知道了"的意思。这种委婉的暗示，起到了良好的劝说作用，使职员以感激的心情接受了批评。

暗示法可以通过人（语言形式、手势、表情）和情境（视觉符号、声音符号）施授，根据授示者的不同，方法可分为点化式、引发式和图像式等。

语言礼仪的表达方法有很多，限于篇幅，本书主要介绍这四种。在交往活动中，这些方法往往是交叉、组合使用的，只要运用得当，就可以产生良好的效果。

三、有声语言和无声语言之间的关系

有声语言和无声语言的关系大体上可以用横纵轴构成的四个象限来表示，x、y 轴正向均表示美善度，如图 6 - 1 所示。

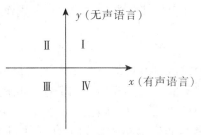

6 - 1　有声语言和无声语言之间的关系

第 I 象限，两者的关系既是正面的，也是"成正比例"的，也就是我们在人际交往中所追求的一种理想境界。

第 II 象限，外观形式上美善的无声语言与相反意义的有声语言并存。比如对对方跷着拇指却说着反语："我佩服你的混账做法！"

第 III 象限，x、y 轴的负向所辖区域，两者均表示反面意义。如：以手掌心向下、中指伸直、食指和无名指略低、拇指和小指最低的亵渎手势（模拟鳖形）配以咒骂语言。

第 IV 象限，有声语言美善，无声语言却鄙俗。比如口头上对孩子说："我是为你好！"却用食指恶狠狠地点其脑门。

无论是哪一象限，都在形象地向人们昭示：无声语言与有声语言关系甚密，不可忽略无声语言的交际功能。人的有声语言可能是假话，而无声语言却往往"正在说出真正的故事"。

第二节　有声语言礼仪

有声语言即自然语言，是发出声音的口头语言，一般具有依赖情景和随意发挥的特点。因此，交际双方应该随时注意对方的反馈，以便调整自己的语言。

由于称呼语、介绍语和电话语等在其他章节已有叙述，所以本节主要介绍礼貌语和交谈中的礼仪。

一、礼貌语

礼貌语言的用途非常广泛、内容十分丰富，可根据不同的情境，针对不同的对象灵活使用，既要彬彬有礼，又要不落俗套。全国推行的十字文明用语："您好""请""谢谢""对不起""再见"，是必须掌握的常用语言。下面根据礼貌语表达的语意分别作一介绍。

（一）问候语

问候是风度，问候是关怀，问候是美好的祝愿。一声问候，不一定会带来什么具体的财富，但它却能产生巨大的精神动力，让人感知到亲情与温暖。和谐家庭从问候开始，和谐中国从问候开始，和谐世界从问候开始。人们日常见面时，问候寒暄的方式主要有两种：一种是言语招呼，另一种是非言语招呼，如见面时注目微笑、点头鞠躬、举手示意等。

问候不能千篇一律，应该根据不同场合、不同时间、不同对象有所变化。

比较通用的问候语有："你（您）好""你（您）早""早上好""早安""上午好""下午好""晚上好""晚安"等。与外国人初次见面，如讲英语，应用"How do you do?"（你好）为宜。假如双方比较熟悉，重逢时可用"How are you?"（你好吗?），而被问的一方可回答："Fine，thank you. And you?"（很好，谢谢你。你好吗?）如果是经常见面的同事、朋友，只应酬一句"Good morning!"或"Good afternoon!"或"Good evening!"即可。

（二）请托语

请托语，是指向别人提出请求的话语。

常用的请托语有："请""有劳您（你）""劳驾""拜托""借光""烦劳""赏光""鼎力""俯就""劳您费心"等。英语国家一般用"对不起"（Excuse me）；日本则用"请多关照""拜托您了"。

向别人提出请求时，应"请"字当先，而且语气诚恳，不要低声下气，更不要居高临下，还要注意把握恰当的表达时机。

（三）致谢语

致谢语，是指对他人的好意或帮助表示感谢的语言。

常用的致谢语有："谢谢""多谢""非常感谢""十分感谢""麻烦您了""有劳你了""难为你了""劳您费心了"等。

（四）致歉语

致歉语，是指向他人表示歉意的话语。

常用的致歉语有："对不起""请原谅""很抱歉""打扰了""真过意不去""失礼了""对不起，让您久等了"等。

真诚的致歉，可以化解矛盾，修合裂痕；消除内疚，解除难堪；赢得友谊，取得谅解；得到敬重，获得威信。

（五）礼赞语

礼赞语，是称赞他人的语言。

在交往中，要善于发现、欣赏别人的优点，并且真诚地称赞，达到"雪中送炭"的效果，从而缩短双方的心理距离。

常用的礼赞语有："很好""太好了""很不错""美极了""好极了""太棒了""您真了不起""这太出色了"等。

赞美还可以用反语来表达。反语赞美似贬实褒，更能调动对方的情绪。但一般说来，反语的接受对象应有较好的语言理解能力和欣赏能力，或与赞美人之间有着相对稳定的关系，以避免弄巧成拙。

（六）委婉语

委婉语，指在讲话时不直接说明本意，而是用婉转的词语加以暗示，使他人意会的语言。

委婉语的作用不可低估。它可减少刺激性，避免使对方难堪，或使自己说话留有余地，免于被动。得体的委婉语，能表明你的善意和对客人的尊重，更体现你的语言素养及文明高雅的风度。

常见的委婉语有：把"怀孕"说成"有喜了""有了""身子重了"；把"月经"说成"月事""例假"；把"钱"说成"孔方兄"；把"经商做买卖"说成"下海"；把"发了财""出了名"说成"大款""大腕"；把"瘸子"说成"行动不便"；把"瞎子"说成"盲人"；把"结巴"说成"口吃"；把"茅房""厕所"说成"洗手间"；把"猪肝"说成"猪润"；把"猪血""鸡血"说成"猪红""鸡红"；把"杀鸡""杀鸭"说成"用鸡""用鸭"；等等。

委婉选词用语，常见的有修辞方式、从侧面说出方式、提示思考方式等，但一般以同义替代方式居多。汉语词汇丰富，同一个意思可选用不同的词表达。比如："死"，在古代，天子死称"崩"，诸侯死称"薨"，大夫死称"卒"，士死称"不禄"，庶人死称"死"。恩格斯在《在马克思墓前的讲话》一文中，连用"睡着了""永远地睡着了"表达对马克思逝世的沉痛之情。在现代，关于死亡有多种说法：下世、去世、逝世、弃世、辞世、仙逝、谢世、故去、亡故、身故、作古、见背（指长辈去世）、断气、咽气、见马克思、见上帝、上西天、心脏停止了跳动、坐化（和尚死）、圆寂（和尚死）、涅槃（佛教用语，用作"死"的代称）等。

（七）谦让语

谦让语，也称"谦语""谦辞"。它是向人表示谦恭或自谦的语言。

常用的谦辞有"家""舍"等。"家"字一族：用于对别人称自己的辈分高或年纪大的亲戚，如家父、家母、家兄等；"舍"字一族：用于对别人称自己的辈分低或年纪小的亲戚，如舍弟、舍侄等；"小"字一族：用于谦称自己或与自己有关的人或事物，如小弟、小儿等；"愚"字一族：用于自称的谦称，如愚兄、愚见等；"拙"字一族：用于对别人称自己的东西，如拙笔、拙著、拙作、拙见等；"敝、鄙"字一族：用于谦称自己或跟自己有关的事物，如敝人、鄙人、敝姓、敝处等。

常用的谦让语除谦称外，还有："请用餐""请喝茶""请指教""请多多关照""请留步"等。

（八）安慰语

安慰语，指对别人进行安慰的语言。

常用的安慰语有："请您稍候""让您久等了""让您受累了""您辛苦了""请保重""不必担心，我们会料理的"等。

（九）征询语

交往中，接待者经常地、适当地使用征询性用语，会使被接待者感觉到受尊重的程度。

常用的征询语有："您有什么事吗?""您喜欢……吗?""您需要……吗?""我能为您效劳吗?""我能为您做点儿什么吗?""您还有什么别的事情吗?""您不介意的话，我可以看一看吗?""我可以进来吗?""……您介意吗?"等。

（十）祝贺语

祝贺语，指对别人进行祝贺的语言。

一般祝贺语有："恭喜恭喜""祝贺您的成功"等，应者以"同喜同喜"或"谢谢"表示回应。

节日祝颂语有："祝您节日愉快""祝您圣诞快乐""新年快乐"等。

生日、婚庆祝贺：若是平辈生日，可祝"生日快乐""心想事成"，对寿星则可说"寿比南山""福如东海"，而婚庆应说"白头偕老""共浴爱河"等。

祝愿语有："祝你好运""祝你成功""祝你幸福""祝你健康"等。

（十一）告别语

告别语，指向人道别时所说的致谢、道歉等话语。常见的告别语有："再见""祝您一路平安，旅途愉快""一路顺风""欢迎再次光临""希望以后多多联系""非常感谢您的光临，再见""保重""路上小心""后会有期"等。应根据离别的不同去向、环境使用恰如其分的告别语。

（十二）其他礼貌语词

常用的敬辞有："令"，用在名词或形容词前表示对于对方亲属的尊敬，有"美好"的意思；"贤"，称呼对方，多用于平辈或晚辈；"惠""垂"，用于对方对自己的行动，如惠顾、垂念等；"赐"，指所受的礼物，如赐复等；"高""华""贵"，称与对方有关的事物，如高足、高就、华翰、华诞、贵恙等。

初次见面说"久仰"，久未联系说"久违"，等候客人说"恭候"，客人到来说"光临"，看望别人说"拜访"或"拜望"，陪伴朋友说"奉陪"，起身离开说"告辞"，中途先走说"失陪"，请人批评说"指教"，请人指教说"赐教"，请人指正说"雅正"，请人改文章说"斧正"，赞人见解说"高见"或"高论"，询问年龄用"贵庚"（对老人用"高寿""高龄"），问人姓氏用"贵姓"，责备自己礼数不周说"失敬"，没有亲自迎接客人说"失迎"，归还原物说"奉还"，请人谅解说"包涵"，请人担职用"屈就"，暂时充任说"承乏"等。

二、交谈

（一）交谈技巧

（1）自我介绍。能够主动地把自己的情况较全面地介绍给对方，使对方从你的自我介绍中了解到你的工作、交谈的目的和要了解的主要问题。

（2）巧找话题。我们在与陌生人见面寒暄之后，常会出现短暂的冷场，这就需要找话题。有人说，交谈必须具备没话找话的本领，这是很有道理的。谈话的话题，就好像文章的开头，有了好的开头，写起来往往会文思泉涌，一气呵成。同样，交谈有了好的话题，能使谈话顺利展开，步步深入。好话题是初步交谈的媒介、深入细谈的基础、纵情畅谈的开端。好话题的标准应是：至少有一方熟悉，能谈；对方感兴趣，爱谈；有展开探讨的余地，好谈。寻找话题的方法很多，如即兴引入、投石问路、循趣入题等。

（3）机智安排。人们常把"对什么人说什么话"作为交谈成功的秘诀。要想使一次重要的交谈成功，必须了解对方的职业、文化水准、语言表达能力和思维方式，只有全面地掌握了这些，才能选择与人交谈的最佳方法。另外，交谈开始时要保持冷静，仔细观察对方的面部表情，分析其当时的心境。听对方讲话时，要能判断出对方的文化水准、表达能力、思维方式如何，只有确定这些，才能进一步明确交谈的方式和内容。如果和一个思维方式比较混乱的人交谈，就要采用引导的方法经常提示一下对方，以使他的讲话不会离题太远。

（二）交谈礼仪

交谈往往体现一个人的修养，愉快的交谈不仅是语言的流露，也是礼节的显现。因此，与人交谈时应注意文明礼貌。社交场合中交谈的礼节要求，可以从以下一些方面把握：

（1）谈话的态度要诚恳、自然、大方，言语要和蔼亲切、表达得体。谈话时双方要互相正视、互相倾听、精力集中，不能东张西望和兼做其他事情，也不要做一些小动作，如玩弄指甲、摆弄衣角、搔痒、抓头皮等，这样做不仅失礼，而且也使自身显得猥琐。谈话中打哈欠、伸懒腰或不等人说完话视线和注意力就转移等，都是不礼貌的。

（2）要注意聆听对方谈话，以耐心、鼓励的目光让对方把话说完，自己则通过适当的眼神、语气词和体语来烘托气氛。对方在讲话时不要轻易打断或插话，否则就是不礼貌的。如果因未听明白或需了解情况而必须插话时，应先征得对方同意，如"请等等，让我插一句""请允许我打断一下""请让我提个问题，好吗"，这样可以使对方感到你对他的尊重，避免产生误解。话没听明白就下结论，或在违背对方意愿的情况下发表你的意见，都是粗鲁无礼的，常常会引起争执并导致不欢而散。

（3）对长辈、师长、上级说话，要注意用相宜的礼貌语，在表示尊重的同时，保持人格平等；对下级、晚辈、学生则要注意平等待人和平易近人。男女之间的谈话要注意文明，对不熟悉的异性不能开过分的玩笑。在公共场合说话要轻柔，幽默不可过度，也不能旁若无人地高谈阔论，大声说笑。

（4）谈话时不可用手指指人，做手势时幅度不可过大，因为指手画脚也是失礼的。与人谈话绝不可以尖酸刻薄，不可以喋喋不休，也不能一言不发，否则会使人对你敬而远之。

（5）如果你同时和几个人在谈话，一定不要把注意力只集中在你感兴趣的一两个人身上，要照顾到在场的每一个人，冷落了任何一个人都是失礼的。倾听别人谈话时除注意正在说话的人以外，目光也要适当照应一下其他人，交换一下目光。要尽量启发不爱说话的人开口说话，启发时尽量不要用提问的方式，这样会使其更难开口。

（6）谈话中碰到意见不一致时，应保持冷静，或一笑了之，或回避话题。如果是一件非说清楚不可的事，一般应在肯定对方意见中正确的部分或替对方找出客观理由以后，用委婉或商量的口气说清楚。

（7）一般男性不要插入女士圈内谈话，也不要与女士长时间攀谈或耳语而引起别人侧目。

（8）不可出言不逊、强词夺理，不可揭人短处，不可谈人隐私，不可背后议论人。

第三节　无声语言礼仪

无声语言是借助非有声语言来传递、表达感情，参与交际活动的一种不出声的伴随语言。它可分为默语和体语两大类。默语是话语中短暂的停顿或沉默，书面形式用省略号表示；体语即人体语言的简称，它以人的动作、表情、界域和服饰等来传递信息，又称态势语、身势语、体态语、动作语言和非语言交际等。如表6－1所示。

表6－1　　　　　　　　无声语言的分类

无声语言	默语		
	体语	动态体语	肢体语
			首语
			手势语
		表情语	目光语
			微笑语
		静态体语	姿势语
			界域语
		服饰语	服装语
			饰品语

一、默语

默语既可以是无言的赞许，也可以是无声的抗议；既可以是欣然默认，也可以是保留己见；既可以是威严的震慑，也可以是心虚的无言；既可以是毫无主见、附和众议的表示，也可以是决心已定，不达目的决不罢休的标志。当然，在一定的语境中，默语的语意是明确的。默语时间的长短，直接影响话语的交际效果。当行则行，当止则止，必须予以控制，才能恰到好处地发挥默语的作用，并产生"此时无声胜有声"的最佳效果。

二、首语

首语是通过头部活动来传递信息的，包括点头语和摇头语。一般来说，点头表示肯定，也可以表示致意、感谢、理解、顺从等意思；摇头则表示否定，还可以表示对抗、高傲的意思。

首语有时是伴随着同义的有声语言出现的，有时则替代同义的有声语言。然而，首语却因文化和环境的差异而具有不同的表现形式。如保加利亚和印度的某些地方，他们的首语是"点头不算摇头算"，其形式恰好与常规相反。但不论表现形式怎样，首语的动作幅度都不应过大，而应该优雅得体。

三、手势语

手势语是通过手和手指活动传递信息的。它包括握手、招手、摇手和手指动作等。根据手势语意来划分，可分为四类：表达讲话者的情感，使其形象化、具体化的手势叫"情意手势"；指示具体对象的手势叫"指示手势"；用来摹形状物，给人一种具体感觉的手势叫"象形手势"；表示抽象意义的手势叫"象征手势"。

双手紧绞在一起，显示的意义是精神紧张；双手指尖相合形成"教堂塔尖"形，显示的意义是充满自信；用手指或笔敲打桌面，或者在纸上乱画，显示的意义是不耐烦或无兴趣；搓手，显示的意义是有所期待或跃跃欲试；摊开双手，显示的意义是真诚和坦诚；将手放在脸颊边，显示的意义是怀疑或表示愿意合作；把手插入口袋，显示的意义是不信任；捏弄拇指，显示的意义是心中紧张、缺乏自信；脱下帽子，用手将头发往后一掠，抓抓后脑勺，显示的意义是急于把事办成；等等。

握手的含义及礼仪要求，详见本书第三章第三节。

用手势表达"请"的意思，或介绍某人某物或指示方向时，手指自然并拢，掌心向上，以肘关节为轴，指示方向，上身稍向前倾，以示敬重；而表示再见时，一般人习惯挥手，也可将右手手指自然并拢，掌心面对客人，手指与耳部平齐，左右摆动。

各国的文化习俗不同，所使用手势的含义也各不相同。

手指动作，如用拇指和食指合成一个圆圈，其余三指自然伸张，在美国表示"OK"，有赞扬和允许之意；在法国一些地方，有时可解释为"毫无价值"；在日本可以代表"金钱"；在中国则表示"零"；而在拉丁美洲又成了一种下流的动作。

"V"字形手势，即伸直食指与中指做"V"字形状，手心向外，美、英等国用此表示"胜利""成功"；在中国则用此表示数字"二"。

在不少国家，常用跷起拇指表示夸奖，用左手的小指表示藐视；而日本人通常用拇指表示"老爷子"，用小指表示"情人"。在英国、美国、澳大利亚、新西兰等国，跷拇指是拦车要求搭乘的手势；在希腊，如果突然跷起拇指，意思是要对方"滚蛋"。

在我国，伸出右手，将手心朝下和人打招呼，是请人过来，但在英国是表示"再见"。如果他们要招呼他人过来，则是手心朝上招手，而在日本做这个动作也许会遭人白眼，因为日本人以此手势召唤狗。在中东各国做客，叫人时轻轻拍手，对方即会意而来。在非洲的不少国家，叫服务员通常是以敲打桌子为信号，否则服务员是不会理睬你的。所以，要想有效发挥手势语的交际作用，就得了解、熟悉交际对象和环境的文化特性。

四、目光语

由于目光语在交际中是通过视线接触来传递信息的，所以也称之为眼神。目光语主要由视线接触的时间长短、视线接触的方向以及瞳孔的变化等三个方面组成。

在不同场合、不同情况下，目光表达的意思亦有所不同。见面时，不论是熟人还是初次见面之人，尤其是向对方问候、致意、祝贺时，都应面带微笑，用炯炯有神的目光注视对方，以示尊敬和礼貌。在交谈中，应经常与对方目光保持接触，长时间回避对方目光而左顾右盼，是对对方不感兴趣的表现；长时间地凝视、直视或上下打量对方，则是失礼的行为。

双方从不同的方向接触视线，有不同的语意。说话人的视线往下接触（即俯视），一般含有"爱护、宽容"的语意；视线平行接触（即正视），一般多为"理性、平等"的语意；视线朝上接触（即仰视），一般体现"尊敬、期待"的语意；视线斜行，则有表示"怀疑、疑问"的意思。

瞳孔的变化，即视觉接触时瞳孔的放大或缩小。美国心理学家赫斯经过长期研究得出如下结论：瞳孔的收缩与放大，既与光线刺激的强弱有关，也与心理活动机制有关，而且瞳孔的变化是无法自觉地和有意识地加以控制的。因此，瞳孔的变化如实地反映了大脑正在进行的活动，是折射兴趣、偏好、动机、态度、情感和情绪等心理活动的高度灵敏的显像屏幕。当人们看到有趣的或心中喜爱的东西时，瞳孔就会扩大；而看到不喜欢的或厌恶的东西时，瞳孔则会缩小。

目光凝视区域是指人的目光所落定的位置。一般划分为三种情况：

（1）公务凝视区域。这是人们在洽谈业务、磋商问题和贸易谈判时目光所投向的区域，即以两眼为底线、额中为顶角形成的三角区。

如洽谈业务时，你注视对方的这个区域，就会显得严肃认真，对方也会觉得你有诚意。在交谈过程中，如果你的目光总是盯在这个三角区，那么你就有把握争取到谈话的主动权和控制权。因此，这种凝视在商务活动和外交活动中经常使用。

（2）社交凝视区域。这是指在社交场所，与人交谈时目光所投向的区域，即以两眼为上线、唇心为下顶角所形成的倒三角区。当你与人谈话凝视对方这个部位时，能给人一种平等、轻松感，从而创造出一种良好的社交气氛。一般在鸡尾酒会、茶会、舞会和各种类型的友谊聚会上，较适宜用这种凝视。

（3）亲密凝视区域。亲密凝视是亲人之间、恋人之间、家庭成员之间使用的一种凝视，其区域是从双眼到胸部之间。这种凝视往往带着亲昵爱恋的感情色彩，所以非亲密关系的人不应使用这种凝视，以免引起误解。

在交际中，相互尊重的目光语是通过目光的正视来表达的，正视会使人感到你的自信和坦率。谈话时，将视线停留在对方双肩和头顶所构成的一个正方形的区域内，可显示你态度的真诚。

五、微笑语

微笑语是通过不出声的笑来传递信息的。微笑是由从嘴角往上牵动颧骨肌和环绕眼睛的括纹肌的运动所组成的，并且左右脸是对称的。

微笑语在人类各种文化中传递的意思是基本相同的，是真正的"世界语言"。微笑对自身而言，表示心情愉快；对他人而言，则表示尊重和善意。你向对方微笑，对方也报以微笑。他用微笑告诉你：你让他体验到了幸福感，因为你的微笑增强了他的自信。换言之，是你的微笑使他感到了自己的价值。于是，有人把微笑这一体语比喻为交际中的"货币"，人人都能付出，人人也乐于接受。

在交往中，微笑具有强化有声语言沟通的功能，可增进友谊和交流；微笑还能与其他体语相结合，代替有声语言的沟通，如在接见众多宾客时，只要边微笑边招手，也具有"欢迎您光临"的作用，同样会使客人感到你的热情、有礼。在交谈中，碰到不易接受的问题时，边微笑边摇头，委婉谢绝，也不会使人感到难堪。

微笑时应目光柔和、神情友善、愉悦、自然、真挚。切不可假笑、皮笑肉不笑或轻浮地嬉笑，这不仅不会使人产生美感，反而令人厌恶和不适。

六、界域语

界域语是交际者之间利用空间距离所传递的信息。它在交际中的作用分别体现在位置界域和界域距离两个方面。

大量研究结果表明，对于这个"范围"每个人都像保护自己的私有财产一样保护它。在社交中，你是个受欢迎的人还是个惹人讨厌的人，主要看你如何尊重他人的空间及处置属于自己的空间。

（一）位置界域

它是指社交双方所处位置的角度，或平行或相对或成交角。如图6-2所示。

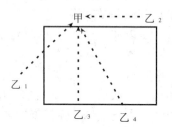

图6-2　位置界域

甲与乙谈话，乙可以用四种不同的位置对之。相对于甲来说，乙₁是社交位置，也是一种最策略、最巧妙的选择，体现了一种诚挚、友善的社交氛围，且有安全感、方便感。当需要保持距离时，所切三角可起屏障作用；如交谈有进展时，还可随时调整距离。乙₂是友好位置，体现了一种平起平坐的亲和、信赖的交谈氛围，最有益于显示双方亲密、平等、合作的关系，适于领导与员工间的交谈，以及征求消费者意见等场合。乙₃是竞争位置，同对方隔桌相望而坐，有一种戒备、防范性的感觉，一般用于会谈、谈判。乙₄是公共位置，一般为双方无直接沟通需要的座位，如在饭店、图书馆等处，多是这样择位而坐。如有雅兴，彼此亦可展开一些随意性的交谈。

以上只是从静态加以分析的。社交中的位置界域及选择要复杂得多，然而理解位置界域的个中道理，有助于我们在社交中选择适当的位置，创造理想的社交氛围。

（二）界域距离

它是指交际双方之间的空间距离及所体现的意义。美国西北大学人类学教授爱德华·T.赫尔博士在研究人类对自己独有空间的需求时，同时发现了四个界域区，并在《无声的语言》中加以定义，即亲热界域、个人界域、社交界域、大众界域。

（1）亲热界域。一般在 15 厘米以内，语意为"热烈、亲密"，只适宜于至爱亲朋之间或外交场合的迎宾拥抱、接吻等。而在其他社交场合，保持此种距离，非但不受欢迎，甚至会因侵犯了他人空间而遭遣责和抗议。

（2）个人界域。它的距离间隔在 15～75 厘米，语意为"亲切、友好"。这个距离为偶然相遇的人提供了隐蔽处，也是一般熟人交往的空间，在社交领域往往适用于简要会晤、促膝谈心或握手等。

（3）社交界域。其距离间隔在 75～210 厘米，语意为"严肃、庄重"。在社交领域中，它主要适宜于与用户谈生意、接见来访者、企业之间的谈判等。社交界域体现了一种较为正式的非私人交往关系，双方情感渗透很少。

（4）大众界域。它的距离在 210 厘米以外，这是人们在较大的公共场合内所应保持的距离间隔，比如做报告、发表学术性演讲等。因其空间大，所以在这个界域里并无特殊的心理联系及特定的语意。在这个界域里，人们可以"视而不见"，不发生任何交往。

由于文化、习俗的影响，同一界域应保持的距离也不尽相同甚至相距悬殊。但是，界域及其相应的距离是客观要求的。因此，在交往接触之前，必须了解双方的界域习惯，恰当地加以运用，从而使交往者处于一种和谐、协调的心理氛围。当别人侵犯了自己的界域时，应慎重处之，以礼相待；当我们因不慎（应尽量避免）而侵犯了别人的空间范围时，应立即表示歉意，说声"对不起""请原谅"，这样有助于缓解或消除紧张情绪和不快。

由于服饰、仪态等的礼仪要求在前面已有叙述，这里不再赘述。

七、读解无声语

（一）综合观察基础上的读解

在许多情况下，人在产生某种思想意识的时候，身体的许多部分常常会采取"集体行动"，从不同角度、不同方面传达一种共同的信息。体态语在这一点上和口语、书面语有相似之处。在一定的语境里，单个的动作如单个的词一样，有时候也能独立地传达一种信息，表示一种意思。但在更多的时候，它必须把单个的动作组合成"句"，才能表达出完整的意义。

（二）结合社会文化背景和具体语境特点来读解

人的动作、神态，因不同的文化背景、不同的国家和不同的性别，常会表示不同的意义。如凝眸对视这个动作，在美国人看来是关系密切的表示，英国人则把它视为一种礼貌，而我们中国人却不习惯如此。

动作语言所表示的意义还可以因地、因时、因人、因境而有所变化。如眼睛不敢直视对方可能是有什么事要瞒着对方，但也可能是害羞、腼腆。

因此，我们在读解无声语言时，不能把任何的动作表情、姿势看得太绝对，必须结合具体的人、具体的情境、具体的文化背景去观察、理解和判断。

第四节　类语言礼仪

类语言是交际过程中一种有声但没有固定语义的语言。类语言一般包括两大部分：声音要素和功能性发声。声音要素涉及音调、音量、音速和音质；功能性发声包括哭、笑、哼、叹息等。类语言能表达语言本身不能表达的意思，不是话语却胜似说话，被社会心理学家称为"表达感情的无声密码"。在交往中，常使用的类语言形式有：说话时的语调和重读、笑声和掌声。

一、语调和重读

语调柔和一般表示坦率和友善；语调颤抖除身体感到冷外还表示激动；语调低沉、厚重表示同情和悲哀；阴阳怪气的语调表示冷嘲热讽；鼻音哼声使人感觉傲慢、冷漠、鄙视和缺乏诚意。这些都是交往中应避免的。

俗话说，听话听声，锣鼓听音。这就是说我们在交际中，不仅要听对方究竟说了些什么话语，还要听他是怎样说的，以及他说话时声音的高低、强弱、起伏、节奏、音域、转折、速度等，这样才可能真正把握说话者的情绪和意思。

重读是根据语意需要，使用在特别要强调的语句或语词上的，以起到加强表达效果的作用。

二、笑声

笑声是通过出声的笑所表示的语言。和微笑一样，它也是通过脸

部肌肉的运动来实现的，但笑声表达的情感复杂，语意不固定。笑声可分为开怀的笑、爽朗的笑、傻笑、苦笑、冷笑、狞笑、皮笑肉不笑等。而且同一形式的笑声，表达的意思也有不同。

如哈哈大笑，有时可能是表示一种高兴、赞许的思想感情，有时则可能是一种不祥之兆；含着泪笑，既可能是激动时的一种表情，又可能是有苦难言的一种流露。

笑声是交际过程中离不开的辅助语言。当碰到比较尴尬的场面时，可以用笑声来缓和僵局，改善交际氛围；有时也可用笑声来体现委婉的拒绝，不至于让对方太难堪。

总而言之，要注重场合和情境，巧妙地运用笑声，以加强表达效果。

三、掌声

当领导来视察时，人们起身鼓掌表示欢迎；当演讲者说到某一精彩之处时，听众以掌声表示赞许、认同和感谢；当友人相聚在一起边鼓掌边唱歌时，表示的是欢乐、愉快和高兴。而这些都是掌声的一般语意。

在交际过程中，人们扩展了掌声所表达的含义，有时用持续时间较长的掌声来表示一种礼貌的否定和拒绝。

[思考题]

1. 语言礼仪的表达方法有哪些？
2. 十字文明用语是什么？
3. 简述无声语言的分类。
4. 简述手势语及其分类。

第七章

礼仪文书

礼仪文书是指在礼仪场合中所使用的应用文体的总称。它具有使用范围广、针对性强、礼仪周全、能表达真情实意等特点。因此，了解和掌握礼仪文书的写作是非常必要的。

第一节 礼仪信函

一、信函概述

信，就是借助文字以互通信息；函，本义是信的封套，后也用函代指信件。信函可指信件。

（一）信封格式和写法

信封格式有横式和竖式两种。横式行序由上至下，字序由左至右；竖式行序由右至左，字序由上而下。目前我国用的都是标准信封，专门印有邮政编码空格，并以横式为准，便于邮局检索。

横式信封上的内容包括收信人的邮政编码、详细地址、姓名；寄信人的详细地址、寄信人姓名及邮政编码等。书写时要字迹清楚、工整。无论是横式信封，还是竖式信封，收信人的姓名均在信封的中间，字体要稍大些，以示对收信人的尊重。至于姓名后面是否加称呼及收、启、鉴之类的词，要视收信人的具体情况而定。为了礼貌，姓名的后面最好加上先生、女士、同志等称呼。值得注意的是：信封上的称呼和信内的称呼不一样，信内的称呼是写给收信人看的，信封上的称呼则是给邮递员看的。因此,信封上切忌出现"×××父亲大人""×××儿收"等字样。

海外信函的信封正面,收信人名址居中书写,第一行写收信人的姓名,第二行写门牌号和街道名,第三行写城市名和邮政编码,最后一行写国名。可以各行开头对齐,也可以每行往右后缩 5 个字母。寄件人名址写在信封正面左上角或信封背面上半部,顺序与收件人名址相同。

(二) 内容和写法

信的内容一般有以下几个部分:

信头,是英文信中特有的。它包括发信人地址和写信日期,其位置在信纸的左上角,其顺序为:地址在上,日期(月、日、年)在下,但不要写发信人姓名。此外,还要在信纸的左上角低于发信人的地址、日期一至二行,写上收信人的姓名和地址。

国内信件无信头,只有称呼。亲戚、长辈按亲缘、辈分称呼,同学、朋友可称名字;可加"尊敬的""亲爱的"等修饰语,亦可以"先生""老师"缀后;顶格书写,中文信称呼后用冒号,英文则用逗号或冒号;中文信称呼后还可以写"您(你)好!"英文信则不写。

启词,就是开场白。或寒暄问候,或提示写信原委。

正文,是书信的主体。可以根据对象和阐述内容的性质,采取轻松诙谐的文笔或庄重、情深的风格。为尊重对方,一般先谈有关对方或对方所关心的人、事、物,然后再述自己的事情。

结束语,指书信结尾时,对收信人表示祝颂、钦佩或勉慰的短语。如"此致敬礼""祝一帆风顺"等;对知识界朋友,可用"文祺""编安"等祝颂语。一般的书写规格是,"此致""祝"等词紧接着正文末尾书写,"敬礼""编安"等另起一行顶格写。

英文信结束语可用"您的真诚的"(Yours sincerely)等短语,这些短语后需加逗号,书写规则是在签名之上五行。

署名,就是在结束语的右下方签署写信人的姓名。如是写给熟悉的亲友,可只写名,或在名前加上自己的称呼。署名的后面可酌加启禀词,如对尊长用"印""奉""拜上";对同辈用"谨启""上";对后生、晚辈则可用"字""白""谕"。

一般将写信日期写在署名或启禀词的后面,或写在下一行的右下方。

附注及附件。附注,如"请代向××问好"等;附件,通常指附在信函中的照片、入场券等，应在正文写明，并注明名称、数量。英文信中的附件则在署名下两行向左对齐注上 Enclosure，只有一种附件时用单数形式，两种以上附件时用复数形式。

（三）信纸的折叠方法

信纸的一般折叠法是，文字向外，先直后横，或先横后直。但信笺顺折向上最为合适，因为收信人拆信后，抽出信笺便看见自己的名字。文字向内的折法，按传统风俗习惯的说法则是报丧、凶信的折法。

二、祝贺信

祝贺信是用于表示祝贺之意的书信形式。如某个组织或个人在某方面取得了重大成就、某组织召开了重要会议、某项重要工程胜利竣工、某位重要人物的寿辰等，都可以用贺信（也可用贺电）的形式表示祝贺。

祝贺信的书写格式与一般书信大体相同，只是写作时在第一行正中的位置要写"贺信"两个字。此外，正文部分要注意几个方面的内容：首先概述背景情况，说明祝贺什么；其次，简要说明对方所取得的成绩，或会议的重要性，或寿诞之人的贡献与品格；再次，表示热烈的、衷心的祝贺与赞颂，也可写上鼓励与希望，或祝贺者的决心；最后，写上表示祝愿的话，如"预祝大会圆满成功""祝取得更大成绩""祝健康长寿"等，并另起一行，在右下方写上发信组织的全称或个人的姓名。

［例文］

致徐特立

徐老同志：

你是我二十年前的先生，你现在仍然是我的先生，你将来必定还是我的先生。当革命失败的时候，许多共产党员离开了共产党，有些甚至跑到敌人那边去了，你却在一九二七年秋天加入共产党，而且取的态度是十分积极的。从那时至今长期的艰苦斗争中，你比许多青年壮年党员还要积极，还要不怕困难，还要虚心学习新的东西。什么"老"，什么"身体精神不行"，什么"困难障碍"，在你面前都降服了。而在有些人面前呢？却做了畏葸不前的借口。你是懂得很多而时刻以为不足，而在有些人本来只有"半桶水"，却偏要"满得很"。你是心里想的就是口里说的与手里做的，而在有些人他们心之某一角落，却不免藏着一些腌腌臜

腾的东西。你是任何时候都是同群众在一块的，而在有些人却似乎以脱离群众为快乐。你是处处表现自己就是服从党的与革命的纪律之模范，而在有些人却似乎认为纪律只是束缚人家的，自己并不包括在内。你是革命第一，工作第一，他人第一，而在有些人却是出风头第一，休息第一，与自己第一。你总是拣难事做，从来也不躲避责任，而在有些人则只愿意拣轻松事做，遇到担当责任的关头就躲避了。所有这些方面我都是佩服你的，愿意继续地学习你的，也愿意全党同志学习你。当你六十岁生日的时候写这封信祝贺你，愿你健康，愿你长寿，愿你成为一切革命党人与全体人民的模范。此致
革命的敬礼！

毛泽东
一九三七年一月三十日于延安

　　（选自中央文献出版社 2003 年 10 月出版的《毛泽东书信选集》）

三、感谢信

　　感谢信是向对方的关心、帮助、支持表示感谢的书信。它具有公开性、赞扬性的特点。

　　感谢信的格式与祝贺信的书写格式类似，但标题是"感谢信"或"致×××的感谢信"，且内容主要是表达感谢的心情。因收信人及事迹都与写信人有关系，所以，在正文中要把对方的先进事迹写清楚，并表示向对方学习的决心；结尾部分往往有一些表示感谢的话，如"再一次表示衷心的感谢""致以最诚挚的敬礼"等。

四、慰问信

　　慰问信是以组织或个人名义向对方表示慰问的书信（也可以用慰问电）。它具有鼓励性、慰问性的特点。

　　此类书信多是向做出贡献的组织或个人表示慰问，或向遇到困难、遭受重大损失和不幸的公众表示同情、慰问以及节日慰问。慰问信的格式与祝贺信类似，标题可用"慰问信"或"×××致×××的慰问信"。语气要亲切，态度要诚恳，文字要朴实，措辞要准确。特别是

表示同情、安慰的慰问信，更要注意分寸。不能对不幸事件表现出好奇、不解或悲观失望，应对不幸事件表示深切的同情，向对方多表示关怀，以达到减轻其悲伤与痛苦的目的。

慰问信（电）篇幅不宜过长，结尾一般还要有颂词或祝语，如"祝你们取得更大的成绩""祝节日愉快"等，但不能与正文相连，应另起一行，空两格写。

[例文]

致中央驻豫和全省新闻工作者的慰问信

中央驻豫和全省新闻工作者：

在党的十九大胜利闭幕，全省上下深入学习贯彻党的十九大精神之际，我们迎来了第十八个中国记者节。值此收获的季节，谨向中央驻豫和全省新闻工作者致以亲切的问候和节日的祝贺！向长期关心和支持河南新闻事业发展的各界人士表示衷心的感谢！

过去一年里，中央驻豫和全省新闻工作者围绕中心、服务大局，牢固树立"四个意识"，坚持正确政治方向，坚持正确舆论导向，坚持工作新闻志向，坚持正确工作取向，按照中央、省委部署，深入贯彻落实习近平总书记调研指导河南工作时的重要讲话精神，突出坚持和发展中国特色社会主义、实现中华民族伟大复兴中国梦这个主题，突出迎接、宣传、贯彻党的十九大这条主线，突出稳中求进工作总基调，在持续打好"四张牌"、加快"三区一群"建设、打赢"四大攻坚战"、推进全面从严治党等方面推出了一批有影响、有深度、有分量的宣传报道，展示了中央大政方针在河南的生动实践，展示了河南蓬勃发展的良好局面，营造了昂扬奋进的舆论氛围，有力服务了河南经济社会发展大局。

党的十九大是在全在建成小康社会决胜阶段、中国特色社会主义进入新时代的关键时期召开的一次十分重要的大会。会议召开期间，中央驻豫和全省新闻工作者以极高的政治觉悟和业务水平，以新颖的报道内容和形式，创新、务实地做好了各项报道，取得了良好的宣传效果，多次受到中宣部表扬，得到了社会各界和广大群众的一致好评。这些成绩的取得，凝结着每位新闻工作者的辛勤和汗水，展现了全省新闻工作者的责任和担当。你们用手中的笔、话筒和镜头，讲好河南故事，传播河南好声音，彰显河南好形象，凝聚起我省改革发展的强大正能量。

新思想引领新时代，新时代开启新征程。习近平新时代中国

特色社会主义思想给我们指引了前进的方向，牢记总书记"让中原更加出彩"的嘱托，以永不懈怠的精神状态和一往无前的奋斗姿态，与全国人民一道投入新时代中国特色社会主义伟大实践，为全国大局做出河南应有的贡献，需要包括广大新闻工作者在内的全省上下的共同努力。希望中央驻豫和全省新闻工作者始终不忘初心、牢记使命，坚定不移地以习近平新时代中国特色社会主义思想为指导，全力以赴做好党的十九大精神的宣传报道，迅速兴起学习宣传热潮，一如既往做好我省经济社会发展成就的宣传报道，坚持不懈地为我省改革发展稳定擂鼓助威、加油鼓劲。希望你们在今后的工作中再鼓干劲、再接再厉，坚持"走转改"，倡导"短实新"，多推出接地气、有温度的精品佳作，增强报道的吸引力感染力，推动党的十九大精神深入人心、落地生根。希望你们敢于担当、善于作为，用更高水平的策划，用更宽阔的视野来谋划宣传河南未来的新发展，来反映河南波澜壮阔的新实践，来展示河南发展的新境界，为谱写决胜全面建成小康社会、开启河南社会主义现代化建设新征程、让中原更加出彩的新篇章做出新的更大的贡献！

祝全省广大新闻工作者节日愉快，身体健康，工作顺利，阖家幸福！

中共河南省委宣传部
河南省新闻工作者协会
2017 年 11 月 8 日

五、唁函

唁函是安慰逝者家属的一种书信（也可用唁电）。

唁函的正文应包括以下几方面的内容：其一，表述噩耗传来后的悲痛之情，以及失去良师、益友、同志或亲朋后无可补救的遗憾；其二，对逝者的功绩与品德的赞扬，简述逝者与自己的交往和情谊；其三，对逝者的亲属表示慰问。

[例文]

×××：

惊悉×××教授逝世，深感悲痛。他的逝世不仅对于您的家庭，而且对于我们学院都是一个重大的损失。

作为一位著名的内科专家，×××教授多年来辛勤工作，在内分泌学领域做出了巨大贡献。他为培养年青一代和发展医学科学所做的贡献举世公认。

然而，我们却突然失去了这位受人尊敬的卓越的师长，再也不能受益于他的才华和学识了。我们这些有幸与×××教授共过事的人，都对他怀着钦佩和崇敬的心情。他对教师和学生的精心指导和热情培养，我们将永志不忘。

值此悲痛时刻，特致函表示深切哀悼。谨向您全家转致诚挚的慰问。

（签名）

××××年×月×日

汪道涵电唁辜振甫逝世

辜严倬云女士如晤：

惊悉振甫先生遽归道山，哲人其萎，增我悲思。

振甫先生致力于两岸关系凡一十四年，夙慕屈平辞赋，常怀国家统一，私志公义，每与道涵相契。汪辜会谈，两度执手；九二共识，一生然诺。而今风飒木萧，青史零落，沪上之晤，竟成永诀。天若有情，亦有憾焉。

两岸之道，唯和与合，势之所趋，事之必至。期我同胞，终能秉持九二共识与汪辜会谈之谛，续写协商与对话新页。庶几可告慰先生也。

深望女士与子侄辈节哀顺变，善自珍摄。

汪道涵

二〇〇五年一月三日

六、求职信

求职信是个人为了寻找工作，向有关单位、领导人提出求职要求，以便对方接受的专用书信，又叫自荐信。它具有针对性、自荐性、竞

争性等特点。

写好求职信，是求职者吸引用人单位注意的重要之点。求职信一般包括以下几个方面的内容：

（1）个人基本情况；

（2）申请工作的岗位及胜任工作的条件；

（3）表示面谈的愿望。

求职信要简明扼要、内容清楚、文字简练，以展示出自己的特点和才华。

[例文]

求 职 信

××公司经理：

打扰了。

我是一名即将毕业的大学生，想在贵公司找到一份工作。

我学的专业是动物营养与饲料加工。至目前为止，全部学业都已出色完成，成绩优良。现附上一份个人简历及大学期间各科成绩一览表，供您参阅。从我的简历中您可以看到，我曾多次受到学校的表扬，我的专业论文《××××》曾发表于《××》杂志，并荣获×××年度××省优秀大学生科研成果×等奖。

据报载，贵公司领导十分重视人才，办事效率高，人际关系融洽，没有眼下国内不少企业存在的"窝里斗"现象，员工可以一心一意地搞科研和生产。今年上半年在贵公司实习的一段时间里，我也深深地感受到了这一点。可以想象，在如此宽松、和谐的环境里工作，作为贵公司的一员，该多么自豪！

当然，条件如此优越的公司，想进去绝非易事，但我坚信自己有能力敲开贵公司的大门，我已熟练掌握本专业的基础理论及操作技能，在××方面尤具特长（附上我的导师××教授的推荐信供您参考）。在一个崇尚平等竞争的公司里，我想我会如愿的。

最后，我希望贵公司能给我一个为贵公司做贡献的机会，我热诚地期待着您的答复。

此致

敬礼

附件：（略）

××大学××系××

××××年×月×日

第二节　柬帖和讣告

一、柬帖

柬帖，又称请柬、请帖，是邀请对方参加某项活动的通知书。它具有公开性、庄重性、凭证性的特点。现在人们举办开幕式、宴会、酒会、舞会、文艺晚会、婚礼、博览会等，都要邀请各界宾客、朋友参加。邀请可以打电话，也可以写邀请信，但更正式的还是发请柬。

请柬有中式(竖式)和西式(横式)两种。其内容应包括：

(1)抬头。顶格写上被邀者的姓名称谓。

(2)正文。写明活动的性质和形式、时间和地点。请柬中要写上邀请对方来参加什么样的活动,活动的日期、时间和地点必须详细写明,切不可忽略或遗漏。

(3)尾语。正文之后,写上"敬请光临""敬请指导"等谦敬字样,以表态度恳切,文明礼貌。

(4)落款。结束语之后,署上邀请者姓名称谓。需要注意的是,若是婚礼邀请,落款应同时写上新郎、新娘姓名,附加上"鞠躬"之类的习惯用语,以示尊敬。

(5)附言。若附赠入场券、电影票、舞会票等,要在落款之后另起一行空两格写明。

[例文]

1. 结婚请柬（中式、合页）

> ×××女士：
> 　兹定于××××年×月××日上午×时，在本市××路××宾馆餐厅举行婚礼。
> 恭请阖家光临。
> 　　　　新郎　×××
> 　　　　新娘　×××　鞠躬
> 　　　　×××　年×月×日

2. 文艺活动请柬（西式、合页）

×××先生：

　　兹定于××××年×月×日×时，在省人民大会堂举办迎新联
欢会。

　　敬请光临

　　　　　　　　　　　　　　　　　　　　×××公司
　　　　　　　　　　　　　　　　　　　　××××年×月×日

二、讣告

　　讣告又称讣音、讣闻，是一种报丧的文书，由死者的亲属或治丧
委员会发出。随着社会的进步和发展，书面报丧又出现了新形式——
讣帖。讣告和讣帖的内容几乎完全相同。不同的是：讣告可贴可送，
还可以通过报刊发丧或电台广播晓谕社会；讣告的篇幅一般比讣帖长
些。讣帖只宜投送个人。

　　讣告的内容应包括：

　　（1）标题。如"讣告"或者"×××讣告"。

　　（2）正文。应写明逝者的名字、身份、逝世原因、日期、地点、
终年岁数，简介逝者的生平，通知吊唁、举行遗体告别仪式的时间、
地点。

　　（3）结尾。署明发讣告的个人或组织的名称及时间。

[例文]

讣　告

　　××大学原校长×××同志，因患××病，经医治无效，于
××××年×月×日×时×分在××医院逝世，享年××岁。兹
定于×月×日×时，在××市殡仪馆举行遗体告别仪式。

　　谨此讣告

　　　　　　　　　　　　　　　　××大学×××同志治丧委员会
　　　　　　　　　　　　　　　　××××年×月×日

第三节 题词和对联

一、题词

题词,是为表示纪念或勉励而题写的文字。它具有针对性、庄重性、公开性的特点,大多用于礼仪场合,多取短语、短句或片断,自创引用均可。

题词的种类有劝事类、奖勉类、庆贺类、赠言类等。写题词时要注意事类合适、品评合适、关系合适、情谊合适,语言要精练,通俗易懂。

题词无论是横写还是竖写,正文都应居中,也可根据实物的形状而进行布局,与实物搭配,和谐美观即可。

[例文]

题 西 林 壁
苏 轼

横看成岭侧成峰,远近高低各不同。

不识庐山真面目,只缘身在此山中。

生的伟大,死的光荣。

——毛泽东给刘胡兰的题词

教育要面向现代化,面向世界,面向未来。

——邓小平给景山学校的题词

可
以
也
心 清

——明代一秀才在茶碗盖上的一句题词

知耻近乎勇,知罪能改,善莫大也。

——一位社会科学工作者给少管所的题词

灯火夜深书有味，墨花晨湛字生光。

——一位同志给朋友的题词

世事洞明皆学问，人情练达即文章。

——一位同志给朋友的题词

二、对联

对联，也叫对子，是用来张贴悬挂的对偶语句，为上下两联。按季节、活动内容等可分为春联、装饰联、礼仪联、文学联。它具有实用性、艺术性、时代性和针对性的特点。

对联用在交往的礼仪场合，通常是为了联络感情、改善关系，以便共同积极地面向未来。因此，它具有鼓舞、激励的作用，有时还有独特的妙用。

写对联时必须特别注意两点：一是工整对仗，即上下联不仅要求字数相等，而且要词性相同和结构相应；二是要讲究平仄，即平仄要相对协调，音韵谐和。这样读来才富有音乐美、节奏感。

[例文]

江户矢丹诚，感君首赞同盟会；
轩亭洒碧血，愧我今招侠女魂。

——孙中山挽秋瑾联

灰撒江河，看不尽波涛，涓滴都是人民泪；
志华日月，信无际光焰，浩气长贯神州天。

——人民群众挽周总理联

桃李增华，坐帐无鹤；
琴书作伴，支床有龟。

——周恩来等贺马寅初六十寿辰

还我庐山真面目；
爱他秋水旧丰神。

——祝贺一家照相馆开业的对联

琴瑟之情，日月经天；
关雎之意，江河行地。

——古代婚联

第四节　致　辞

在各种各样的礼仪场合，由代表性的人员所做的一些勉励、感谢、祝贺、颂扬或缅怀等性质的讲话统称为致辞。

一、贺词、祝词

贺词和祝词是在可喜之时（节日、生日、婚嫁等）或逢可庆之事（乔迁、开业、大功告成等）举办的活动中发表的对他人表示良好祝愿的言辞。祝词与贺词有所不同。祝词用于可庆之事即将来临之际，还没有成为现实或没有完全实现，故表示预祝、祈盼和希望的意思；贺词是可喜之事已经有了美满的结果，对此表示庆祝和道喜的意思。但二者又常常融合在一起，庆贺中包含着祝愿的内容，祝愿时又有对已取得成就表示庆贺之意。

此外，祝酒也是祝愿的一种礼仪形式，它可以在祝寿、祝新喜、贺成功及迎送、答谢等各种场合里进行，因而祝酒词既可单列一类，又可包容在其他祝贺词中。

贺词、祝词结构基本相同。主要由标题、称谓、正文、署名及日期组成。正文一般分为三部分：第一部分是简略地说明庆贺、祝愿的原因，并写出庆贺语；第二部分通常是叙述业绩、现状和意义；第三部分是表示良好的祝愿、希望。写作时应做到主题鲜明突出，片言居要；情感要真挚、浓烈；要针对具体情况，有感而发，言简意赅。

[例文]

为庆贺朱总司令六十大寿的祝词

（1946 年 11 月 30 日）

周恩来

亲爱的总司令朱德同志：

你的六十大寿，是全党的喜事，是中国人民的光荣！

我能回到延安亲自向你祝寿，使我万分高兴。我愿代表那反动统治区千千万万见不到你的同志、朋友和人民向你祝寿，这对我更是无上荣幸。

亲爱的总司令，你几十年的奋斗，已使举世人民公认你是中华民族的救星，劳动群众的先驱，人民军队的创造者和领导者。

　　亲爱的总司令，你为党为人民真是忠贞不贰，你在革命过程中，经历了艰难曲折，千辛万苦，但你永远高举着革命的火炬，照耀着光明的前途，使千千万万的人民，能够跟随你充满信心向前迈进！

　　在我们相识的25年当中，你是那样平易近人，但又永远坚定不移，这正是你的伟大！对人民你是那样亲切关怀，对敌人你又是那样憎恶仇恨，这更是你的伟大！

　　全党中你首先和毛泽东同志合作，创造了中国人民的军队，建立了人民革命的根据地，为中国革命写下了新的纪录。在毛泽东同志旗帜之下，你不愧为他的亲密战友，你称得起人民领袖之一！

　　亲爱的总司令，你的革命历史，已成为20世纪中国革命的里程碑。辛亥革命、云南起义、北伐战争、南昌起义、土地革命、抗日战争、生产运动，一直到现在的自卫战争，你是无役不与。你现在60岁了，仍然这样健壮，相信你会领导中国人民达到民族解放的最后胜利，亲眼看到独裁者的失败，反动力量的灭亡！

　　你的强健身体，你的快乐精神，象征着中国人民的必然兴旺。

　　人民祝你长寿！

　　全党祝你永康！！

二〇一八年新年贺词

（2017 年 12 月 31 日）

中华人民共和国主席　习近平

　　大家好！时光飞逝，转眼我们将迎来2018年。在这里，我向全国各族人民，向香港特别行政区同胞、澳门特别行政区同胞、台湾同胞和海外侨胞致以新年的祝福！我也祝愿世界各国各地区的朋友们万事如意！

　　天道酬勤，日新月异。2017年，我们召开了中国共产党第十九次全国代表大会，开启了全面建设社会主义现代化国家新征程。我国国内生产总值迈上80万亿元人民币的台阶，城乡新增就业1 300多万人，社会养老保险已经覆盖9亿多人，基本医疗保险已经覆盖13.5亿人，又有1 000多万农村贫困人口实现脱贫。"安得广厦千万间，大庇天下寒士俱欢颜！"340万贫困人口实现易地扶贫搬迁、有了温暖的新家，各类棚户区改造开工数提前完成

600万套目标任务。各项民生事业加快发展，生态环境逐步改善，人民群众有了更多获得感、幸福感、安全感。我们朝着实现全面建成小康社会目标又迈进了一大步。

科技创新、重大工程建设捷报频传。"慧眼"卫星遨游太空，C919大型客机飞上蓝天，量子计算机研制成功，海水稻进行测产，首艘国产航母下水，"海翼"号深海滑翔机完成深海观测，首次海域可燃冰试采成功，洋山四期自动化码头正式开港，港珠澳大桥主体工程全线贯通，复兴号奔驰在祖国广袤的大地上……我为中国人民迸发出来的创造伟力喝彩！

我们在朱日和联合训练基地举行沙场点兵，纪念中国人民解放军建军90周年。香港回归祖国20周年时，我去了香港，亲眼所见，有祖国做坚强后盾，香港保持了长期繁荣稳定，明天必将更加美好。我们还举行了纪念全民族抗战爆发80周年仪式和南京大屠杀死难者国家公祭仪式，以铭记历史、祈愿和平。

我们在国内主办了几场多边外交活动，包括首届"一带一路"国际合作高峰论坛、金砖国家领导人厦门会晤、中国共产党与世界政党高层对话会等会议。我还参加了一些世界上的重要多边会议。今年年初，我出席达沃斯世界经济论坛年会，并在联合国日内瓦总部作了讲话，后来又出席了二十国集团领导人峰会、亚太经合组织领导人非正式会议等。在这些不同场合，我同有关各方深入交换意见，大家都赞成共同推动构建人类命运共同体，以造福世界各国人民。

2017年，我又收到很多群众来信，其中有西藏隆子县玉麦乡的乡亲们，有内蒙古苏尼特右旗乌兰牧骑的队员们，有西安交大西迁的老教授，也有南开大学新入伍的大学生，他们的故事让我深受感动。广大人民群众坚持爱国奉献，无怨无悔，让我感到千千万万普通人最伟大，同时让我感到幸福都是奋斗出来的。

2018年是全面贯彻中共十九大精神的开局之年。中共十九大描绘了我国发展今后30多年的美好蓝图。九层之台，起于累土。要把这个蓝图变为现实，必须不驰于空想、不骛于虚声，一步一个脚印，踏踏实实干好工作。

2018年，我们将迎来改革开放40周年。改革开放是当代中国发展进步的必由之路，是实现中国梦的必由之路。我们要以庆祝改革开放40周年为契机，逢山开路，遇水架桥，将改革进行

到底。

到 2020 年我国现行标准下农村贫困人口实现脱贫，是我们的庄严承诺。一诺千金。到 2020 年只有 3 年的时间，全社会要行动起来，尽锐出战，精准施策，不断夺取新胜利。3 年后如期打赢脱贫攻坚战，这在中华民族几千年历史发展上将是首次整体消除绝对贫困现象，让我们一起来完成这项对中华民族、对整个人类都具有重大意义的伟业。

当前，各方对人类和平与发展的前景既有期待，也有忧虑，期待中国表明立场和态度。天下一家。中国作为一个负责任大国，也有话要说。中国坚定维护联合国权威和地位，积极履行应尽的国际义务和责任，信守应对全球气候变化的承诺，积极推动共建"一带一路"，始终做世界和平的建设者、全球发展的贡献者、国际秩序的维护者。中国人民愿同各国人民一道，共同开辟人类更加繁荣、更加安宁的美好未来。

我们伟大的发展成就由人民创造，应该由人民共享。我了解人民群众最关心的就是教育、就业、收入、社保、医疗、养老、居住、环境等方面的事情，大家有许多收获，也有不少操心事、烦心事。我们的民生工作还有不少不如人意的地方，这就要求我们增强使命感和责任感，把为人民造福的事情真正办好办实。各级党委、政府和干部要把老百姓的安危冷暖时刻放在心上，以造福人民为最大政绩，想群众之所想，急群众之所急，让人民生活更加幸福美满。

谢谢大家。

（选自 2018 年 1 月 1 日《人民日报》）

二、迎送词、答谢词

迎送词是欢迎词和欢送词的合称。欢迎词是对宾客的到来表示热烈欢迎的书面文字或口头讲话；欢送词是对宾客的离去表示热情欢送的书面文字或口头讲话。答谢词是宾客对主人的热情接待表示感谢的书面文字或口头讲话。

迎送词和答谢词的作用主要是交流感情，传递信息，促进友谊。因此，从表达的内容看，要求有感而发，并以叙述双方的友好交往历史和现在双方对一些重大问题的看法、立场、观点为主。其结构一般由标题、称谓、正文、署名及日期组成。写作时应选用宾主双方熟知的最有说服力的典型材料；结构要紧凑、完整；语言要富有抒情性，礼貌周到，通俗易懂；表达宜以叙述为主，抒情含蓄，议论精要。

[例文]

在答谢宴会上的祝酒词
（1972年2月25日）
尼克松

总理先生，中华人民共和国和美利坚合众国的我们十分尊贵的客人们：

我们能有机会在贵国做客期间欢迎你和今晚在座的诸位中国客人，感到十分荣幸。

我要代表尼克松夫人和同行的全体正式成员，对你们给予我们的无限盛情的款待，表示深切的感谢。

大家知道，按照我国的习惯，我们的新闻界人士有权代表他们自己讲话，而政府中的人谁也不能代表他们讲话。但是我相信，今晚在座的全体美国新闻界人士都会授予我这一少有的特权来代表他们感谢你和贵国政府给予他们的种种礼遇。

你们已使全世界空前之多的人们得以读到、看到、听到这一历史性访问的情景。

昨天，我们同几亿电视观众一起，看到了名副其实的世界奇迹之一——中国的长城。当我在城墙上漫步时，我想到为了建筑这座城墙而付出的牺牲；我想到它所显示的在悠久的历史上始终保持独立的中国人民的决心；我想到这样一个事实，就是，长城告诉我们，中国有伟大的历史，建造这个世界奇迹的人民也有伟大的未来。

长城已不再是一道把中国和世界其他地区隔开的城墙。但是，它使人们想起，世界上仍然存在着许多把各个国家和人民隔开的城墙。

长城还使人们想到，在几乎一代的岁月里，中华人民共和国和美国之间存在着一道城墙。

四天以来，我们已经开始了拆除我们之间这座城墙的长期过程。我们开始会谈时就承认我们之间有巨大的分歧，但是我们决心不让这些分歧阻碍我们和平相处。

我们深信你们的制度，我们同样深信我们的制度。我们在这里聚会，并不是由于我们有共同的信仰，而是由于我们有共同的

利益和共同的希望。我们每一方都有这样的利益，就是维护我们的独立和我们人民的安全；我们每一方都有这样的希望，就是建立一种新的世界秩序，具有不同制度和不同价值标准的国家和人民可以在其中和平相处，互有分歧但互相尊重，让历史而不是让战场对他们的不同思想做出判断。

总理先生，你已注意到送我们到这里来的飞机名为"七六年精神号"。就在这个星期，我们美国庆祝了我们的国父乔治·华盛顿的生日，是他领导美国在我们的革命中取得了独立，并担任了我们的第一届总统。

在他任期届满时，他用下面的话向他的同胞告别："对一切国家恪守信用和正义，同所有的人和平与和睦相处。"

就是本着这种精神——1776年精神，我请大家站起来和我一起举杯，为毛主席，为周总理，为我们两国人民，为我们的孩子们的希望，即我们这一代能给他们留下和平与和睦的遗产，干杯！

三、悼词

悼词有广义和狭义之分。广义的悼词指向逝者表示哀悼、缅怀与敬意的一切形式的悼念性文章，有的侧重于议论，有的侧重于抒情，形式多样；狭义的悼词专指在逝者追悼会上表达对逝者悼念的词。这里主要介绍狭义的悼词。

悼词的结构一般由标题、称呼、正文等组成。正文大体按以下内容和层次写作：

（1）以沉痛的语气点明悼念者的心情，逝者姓名、党派，死前的职务和职称，死亡的准确时间、地点、死因、享年。

（2）按时间顺序对逝者的籍贯、学历、经历以及生平业绩进行集中介绍，要注意详略得当，重点突出逝者对人民、对社会的贡献。

（3）对逝者的一生进行全面的总结性评价。评价应恰当、公允，用语要仔细斟酌，反复推敲，应先征得逝者家属和有关领导同意。生前的缺点、错误一般不宜写入悼词，必须写的，也要巧妙设词，含蓄委婉。

（4）表示生者对逝者的悼念，勉励生者化悲痛为力量，以实际行动来悼念死者。

（5）结束语。另起一段，通常以"××同志安息吧""××同志永垂不朽""××同志精神长存"或"××同志永远活在我们心中"等话语作为结束。

[思考题]

1. 试写一封求职信。
2. 比较讣告、唁函、悼词的区别。
3. 拟写一副礼仪联。
4. 简述祝词、贺词的异同。
5. 拟写一份欢迎词。
6. 拟写一份答谢词。

第八章
兄弟民族和港澳台地区礼仪

第一节　兄弟民族礼仪

在我国，56 个民族（汉、蒙古、回、藏、维吾尔、苗、彝、壮、布依、朝鲜、满、侗、瑶、白、土家、哈尼、哈萨克、傣、黎、傈僳、佤、畲、高山、拉祜、水、东乡、纳西、景颇、柯尔克孜、土、达斡尔、仫佬、羌、布朗、撒拉、毛南、仡佬、锡伯、阿昌、普米、塔吉克、怒、乌孜别克、俄罗斯、鄂温克、德昂、保安、裕固、京、塔塔尔、独龙、鄂伦春、赫哲、门巴、珞巴、基诺）间具有相互联系却又不尽相同的文化，其表现在礼仪上，自然各有特色。只有尊重不同民族的风俗习惯，才有利于加强民族团结，促进各民族的共同繁荣。由于篇幅所限，这里仅介绍回族、壮族、满族、蒙古族、藏族、朝鲜族和维吾尔族的礼仪。

一、回族

回族分布于全国各地，而在每一地区大多有集中居住区，素有大分散、小集中之说。但其主要分布在宁夏、甘肃、河南、河北、山东、云南等省（区）。

回族是信奉伊斯兰教的民族。伊斯兰教的传入及其在中国的发展，对回族的形成起了重要的作用。

（一）习俗礼仪

回族人相互见面，要互致"祝安辞"，即"道色兰"。

因回族长期与汉族杂居，服饰已汉化。回族的头饰具有民族特色，男子普遍戴白色或黑色的无檐小圆帽，称作"礼拜帽"。妇女习惯戴披肩盖头，年轻姑娘一般戴绿色的，披肩盖头稍短，披在肩头；中年妇女一般戴黑色披肩盖头；老年妇女则戴白色的，披肩盖头较长，一直披到腰间。

在饮食方面，其最主要的风俗习惯是不吃猪肉，也不吃狗、马、驴、骡及自死或非经阿訇祈祷后所宰的动物肉，也不吃动物的血。他们喜吃牛、羊及鸡、鸭和有鳞的鱼类，对蔬菜一般不忌讳什么，但忌烟酒。

回族人喜欢沐浴，注重卫生，礼拜时必须保持清洁的身体。由于礼拜之前要小净（即洗净脸面、口鼻、手脚）或者大净（洗全身），所以各清真寺都备有沐浴室，供礼拜者清洁身体之用。

回族人外出一般要戴帽子，忌露顶。

回族人反对不敬长者，忌出言无礼。忌说"杀"字，只能说宰鸡、宰牛。

回族人还有一些特殊礼仪，如新生儿的诞生、结婚、丧葬等大事，都有特殊的礼仪。

回族人款待客人吃饭时，主人须为客人添饭添菜，即使客人表示已经吃饱了，仍要增加少许，以示尊敬。客人若不吃，便有失敬之嫌。另外，给客人端饭、端菜时均用右手，客人则用双手相接，否则将被视为不礼貌。

（二）主要节日

回族的传统节日除了与汉族一样过春节、端午节、中秋节之外，主要节日有开斋节、古尔邦节和圣纪节。

二、壮族

壮族主要分布在广西、云南和广东等省（区）。壮族人民热情好客，乐观豪迈，刚毅倔强，一直保持着世代相袭的文化传统。

（一）习俗礼仪

现在的壮族服饰大部分已与汉族相同，但还有一些地方仍保留着自己民族服饰的特点。壮族崇尚蓝黑色。男子上穿对襟短衣，围布腰带，下穿深色长裤，以布帕缠头。女子服饰各地不一，普遍喜欢佩戴银项圈、银手镯等饰物。

壮族人以大米、玉米、糯米为主食，吃鸡、鸭等肉禽和各种蔬菜。给老人端茶、盛饭时，壮族人都用双手捧给。壮族节庆饮食颇有特色，三月三吃"五色饭",色彩鲜艳,用以祭祖和待客。每逢春节、端午节家家户户包"驼背粽",是节日馈赠的礼品。妇女有嚼槟榔和用槟榔待客的传统习俗。

客人来访时,必由主人出面热情招待,让座递烟,双手捧上香茶。茶不能太满,否则视为不礼貌。与客人共餐,要两脚落地,与肩同宽,切不可跷起二郎腿。客人告辞时,主人要将另留的鸡肉和客人盘中的剩余肉用菜叶包好,让客人兜着带回去,给亲人品尝,客人绝不能拒绝。

壮族人喜欢对歌,不少地方都喜欢搭对歌赛歌用的彩棚,即"歌棚"。歌圩日期不等、人数不等,但非常热闹,还要开展放花炮、演壮戏等活动,很有民族特色。对歌时,有问有答,此起彼落,未婚男女可趁此机会选择意中人。

壮族有些地区在姑娘出嫁前,有唱"陪楼歌"的习惯,即在姑娘出嫁前3~5天,邀约村寨里的姑娘和表姐妹们,专为待嫁的姑娘陪楼,除了帮助做些针线活外,主要任务就是唱陪楼歌。歌声从闺楼传出,周围的小伙子都赶来对歌,一连唱几夜,直到新娘出嫁为止。

壮族舞蹈多姿多彩,有反映青年男女爱情生活的"绣球舞""捞虾舞",有反映生产活动的"扁担舞""采茶舞""戽水舞""春牛舞""蜂鼓舞""燕球舞"等,还有反映古代抗击外敌入侵的"铜鼓舞"等。

壮族也有一些禁忌。比如,壮族一般不吃青蛙肉;有的地区青年妇女不吃牛肉和狗肉;农历正月初一不杀生;正月初一到初三不可出村拜年,否则会将鬼神带进家中;妇女生小孩的头三天(或七天),外人不得入内;妇女生孩子不出满月,不能到别人家去;行商外出忌碗破;新婚出嫁忌打雷;等等。

(二)主要节日

民俗节日,除春节、中元节、牛魂节外,最主要的是三月三,主要活动是举行盛大的歌圩活动,青年男女往往要对歌终日,故又称对歌节。

三、满族

满族主要分布在辽宁、河北、黑龙江、吉林、内蒙古和北京。由于汉满文化相互影响、相互渗透,故满族的民族特点已不十分明显。然而,作为一个民族,特别是在居住地比较集中的地区,其文化、礼俗仍然具有自己的特色。

（一）习俗礼仪

满族是一个非常注重礼节的民族。晚辈见了长辈、年轻者见了年长者，都要恭恭敬敬地行打千礼。打千的形式男女有别，男人的动作是哈腰，右手下伸，左手扶膝，似拾物状；女人的动作是双手扶膝下蹲。不过，这种礼节在现实生活中已基本不用了。

满族以小米、黄米为主食，喜食黄米饽饽（豆色）；逢年过节吃饺子，农历除夕必吃手扒肉。最能代表满族饮食文化的莫过于八大碗的"满洲席"。满族普遍有吸烟、饮酒的嗜好。

旗袍是满族别具特色的民族服装。由于旗袍非常适合中国妇女的体形以及贤淑的个性和民族的气质，因而逐渐成了中华民族非常有特色的服装。

满族的发式和头饰也很有特点。女孩子成年后才蓄发，结辫或绾发髻。髻的样式有两把头、架子头、大盘头等。满族妇女很爱美，不仅讲究发式，而且注意头饰。在众多的头饰中，大扁方的头饰最为普遍。这种头饰是用一根长约30厘米、宽2～3厘米的银簪子，横插于发髻之间。

满族人禁忌打狗、赶狗、杀狗，不准说狗的坏话，不吃狗肉，忌用一切狗皮所制用品。满族人还有个忌讳，即客人不准随便坐西炕，这与满族人的居住习惯和文化心理有关。满族久居北方，冬季甚为寒冷。为御寒，满族人居室内的土炕西、南、北三方相连，称为"围炕"。其中西炕最为尊贵，是供奉祖先、祭祀神灵的地方。因而，客人如果贸然坐上西炕，就会被认为是对祖先的最大不恭。满族人待客时，上菜以双数为敬。

满族人家庭添人口时也有讲究。生了男孩就在家门口挂上小弓箭，生了女孩则挂一根红布条，是一种吉祥的表示。

挂旗是满族盛行的一种风俗。

（二）主要节日

满族传统节日有八腊节（亦称腊八节）、闹灯会（农历正月十五）、添仓节（农历正月二十五）等。

四、蒙古族

蒙古族主要分布在内蒙古、辽宁、吉林、河北、黑龙江和新疆。蒙古族人的性格特点是热情、豪爽。蒙古族人信奉藏传佛教，俗称喇嘛教。

（一）习俗礼仪

蒙古族牧民相见要敬鼻烟壶。客人至家中，主人将一装有烟粉或药粉的小壶献于客人面前，让其嗅一嗅，客人嗅后以礼相答。

敬献哈达，表示友情。哈达有洁白、淡黄、浅蓝诸色。蒙古袍是其富有特色的传统服装。

在饮食方面，牧区以肉食为主，农业区以粮食为主。肉食中主要是牛肉、羊肉，也有猪肉、鹿肉等。饮料是用马、牛、羊的奶做成的奶茶，还有泡子酒和奶子酒等。农业区的炒米是蒙古族人喜爱的食品，将其拌上酸奶和白糖，吃起来清香爽口。

蒙古族青年结婚时，由男方带数十名亲友骑马到女方家迎亲，而女方却闭门不理，要经随从亲友再三求情，千呼万唤才得进门。新郎进门先向岳父母拜献哈达，岳父母亦设全羊席招待客人。席毕，新娘背对众人坐，周围还有众表姐妹围护，新郎要跪在新娘背后询问新娘名字，叫"讨小名"。当晚，新郎就在女方家彻夜喝酒。第二天，新娘驰马绕帐三周后先行，新郎紧追，众亲友随行。来到男方门口，男方亦闭门不让进，经众亲友再三劝说才开门出迎。至此，婚礼才告完成。

蒙古族舞蹈主要有安代舞、筷子舞等。

蒙古族也有一些禁忌：忌讳骑快马直达门口下马，因为这意味着报送不吉利的消息。正确的做法是，快马到后减缓速度，绕至毡房（蒙古包）后面下马。忌讳有人手提马鞭进入毡房，因为这是寻衅滋事的举动。忌讳别人当面赞美他们的孩子或牲畜，认为这样会给孩子或牲畜带来灾难等。蒙古族人很尊敬长者，严禁任何不敬长者的言行举动。见到蒙古包前挂有红布条或缚有绳子等记号时，表示这家有病人或产妇，来访者就不应进去。

蒙古族是一个非常好客的民族，十分尊敬客人，讲究礼仪。招待客人常用手抓羊肉，招待贵宾或喜庆时则用全羊席，最隆重的招待是请客人吃羊头和羊尾巴，席上还要致演说词，并有一套仪式。对蒙古族风味食品，即使吃不惯，也不能拒绝，象征性地品尝一下，并点头称好，才是符合其民族礼仪的。送任何礼品，都要成双成对。送接礼品、敬茶斟酒均要用双手，以示尊重；不应用单手，更不能用左手。

（二）主要节日

那达慕大会是蒙古族传统的盛大节日。

"那达慕"，蒙古语音译，意为"娱乐"或"游戏"，源于古代的

"祭敖包"。此节在每年七八月间牧民生产的黄金季节里举行，每次一至数日。届时，男女老幼身穿节日盛装，云集于各个集会点，举行赛马、摔跤、射箭、拔河、蒙古象棋、歌舞表演等富有民族特色的文体活动，并进行生产经验交流和物资交流等，内容丰富多彩。近年来，每逢那达慕来临，国内外宾客也纷纷慕名前往塞外草原，与蒙古族人民共享节日之欢乐。

五、藏族

藏族主要分布在西藏、青海、甘肃、云南和四川等省（区）。

藏族人多信仰藏传佛教，俗称喇嘛教。其习俗礼仪也多与宗教有关。

（一）习俗礼仪

藏族人非常讲究礼仪，日常生活中见到长者、平辈都有不同的鞠躬致礼方式。见到长者或尊敬的人，要脱帽，弯腰45度，帽子拿在手上，接近于地面。见到平辈，头稍稍低下即可，帽子可以拿在胸前。在有些地方，合掌与鞠躬同时并用，合掌要过头以表示尊敬，这种致礼方式多用于见到长者或尊敬的人。藏族人热情好客，迎客必献哈达，并以青稞酒和酥油茶（当客人告辞时，不能倾碗喝净，必须留下茶底）招待，还要唱祝酒歌。

在称呼方面，藏民一般对有地位的人尊称为"古呃"（意为"阁下"）；对于没有官职的男人尊称为"古学"（意为"先生"或"足下"）。"古学"为一种普通尊称。此外，还有更为普通的一种尊称，就是在对方名称后加"拉"。

哈达，是藏语音译，即纱巾或绸巾。哈达按质料可分为普通品（棉纱织品，称为"素希"）、中级品（丝织品，称为"阿希"）和高级品（高级丝织品，称为"浪翠"），以白色为主，也有浅蓝色或淡黄色的。哈达一般长约1.5米，宽约20厘米。哈达越长越宽，其礼仪也就越隆重。敬献哈达的方法是：献者双手手心向上，将哈达搭在食指与拇指之间，使两端下垂。若献给尊长或贵宾，献者必须弓腰低首将哈达举过头顶送至对方座前请其收纳；若献给平辈，则将哈达送到对方手中或腕上即可；献给晚辈或下属，则将哈达搭在对方的颈脖上即可。敬献哈达时，双方都要互致问候和祝福。

藏袍，藏语称为"朱巴"，是藏族人民的传统服饰。

藏族的饮食习惯比较特殊，主食是糌粑，即一种用炒熟的青稞或

豌豆磨成的炒面。酥油茶是藏族人民非常喜爱的饮料。牧民以牛羊肉和奶类为主食，一般不爱吃稀饭、肥肉、蔬菜等。农业区居民也吃大米、萝卜、油菜、芹菜等，喜欢的奶制品有酥油、酸奶油、奶酪等。藏族人大多饮酒，一日3~4餐，城镇居民吃一种叫哲色的食品，用大米饭加酥油、葡萄干做成，也吃油烹的肉丸、包子、烙饼、肉面条、手抓羊肉等。有的藏民在进餐前先用手蘸酒在桌上滴三滴，表示敬佛。

藏族青年男女相爱，常用送饰品、抢帽子等方式。姑娘爱上了小伙子，就要把身上的一件装饰品送给小伙子，小伙子如果接受了，就表明他也爱上了这位姑娘。而小伙子爱上了姑娘，就得抢走她的帽子，几天后送还。如果姑娘愉快地拿回帽子，就表明她接受了小伙子的爱。

在葬礼方面，藏族地区普遍盛行的丧葬方式有天葬、水葬、火葬和土葬等，天葬是藏族最普通的葬法。天葬时，有专门的天葬师在天葬台念超度灵魂的经咒，然后举行天葬。这是藏族的风俗，带有一定的宗教文化色彩。

藏族人能歌善舞，其舞蹈主要有热巴舞、锅庄舞和弦子舞等。

藏族也有一些禁忌。如忌吃驴肉、狗肉，有些地方甚至不吃鱼；忌用单手接递物品；忌讳别人对自己的孩子过分夸奖；进入帐篷后，男左女右，不得混杂着坐；不得在藏民拴牛、拴马和圈羊的地方大小便；不得动手摸弄藏民的头发和帽子；凡遇门口挂有树枝或红布条，外人切勿进入。

（二）主要节日

藏族传统节日主要有藏历年、望果节、雪顿节、沐浴节等。

藏历年，是藏族传统节日，即藏历新年。每年藏历正月初一开始，历时3~5天。藏历十二月初，人们便开始准备年货，家家户户在水盆中浸泡青稞种子，培育青苗。十二月中旬开始，各家各户就陆续用酥油和白面炸油馃子（卡赛）。除此之外，还要准备一种叫作"竹素琪玛"的五谷斗，内装糌粑、人参果、炒青稞花，上面插上各色青稞穗、鸡冠花和酥油供品。到年初一这一天，将青稞苗、油馃子、羊头、五谷斗等摆于室内佛龛茶几上，以标志过去一年的收成，预祝在新的一年里风调雨顺，农牧丰收。除夕前两天每户要打扫清洁，腊月二十九晚饭前，要在打扫干净的灶房正中墙上，用干面粉撒上"八吉祥微"；在大门上用石灰粉画永恒的"卐"字符号。这天晚饭，各家要吃面团土巴（古突），在面团土巴中特意制作几个包有石子、辣椒、木炭、羊毛等不同夹心的面团。每一种夹心都有一种说法：石子预示心肠硬，木炭预示心黑，辣椒预示嘴如刀，羊毛说明心肠软。谁吃到某一种夹心面团，就预示在新的一年里心肠如何。吃到这些夹心的人，均即席吐出引起哄堂大笑，以助除夕之兴。年初一清早，各家主妇到河边、井边取回"吉祥水"，阖家老小都穿新衣，先在家中欢聚并互相祝福，然后去参加、观看各种文娱、体育活动，有藏戏、歌舞表演和跑马射箭、赛牦牛、角力等比赛。无论男女老少，见面都要互道"扎西德勒"（吉祥如意），有的还互相祝酒，成群结队地歌舞联欢。初一不互访，从初二开始，互相到亲友家拜年祝贺，互赠哈达。

六、朝鲜族

朝鲜族主要分布在吉林、黑龙江、辽宁。

朝鲜族人性格爽朗、活泼，富于幽默感。朝鲜族在接受包括汉族文化在内的其他民族文化影响的同时，依然保持着自己鲜明的民族特色。

（一）习俗礼仪

在服饰方面，朝鲜族喜爱穿素白服装，故有"白衣民族"之称。男子一般上穿素色短衣，外加坎肩，下穿裤腿肥大的长裤。小短衣大长裙是朝鲜族妇女服饰的一大特点。

在饮食方面，朝鲜族人以大米、小米为主食；习俗食品是干饭和打糕、片糕、汤饺子、冷面等；口味喜酸辣，爱吃大酱汤；很爱吃狗肉，狗肉汤亦颇有名，也吃泡菜、咸菜等；习惯喝豆浆、豆腐脑，爱喝白酒，爱喝花茶；不爱吃羊肉、肥猪肉和河鱼；不爱吃带甜味的菜和放花椒的菜。没有什么特别的忌讳。

朝鲜族人有敬重长者的良好习惯，这表现在日常生活的各个方面。晚辈对长辈讲话必须使用敬语；吃饭时，为老年人单设一张小桌，晚辈不能与老年人同桌，要等老年人举匙就餐后，全家人才开始吃饭；老年人外出，全家人都要鞠躬相送；路上遇到老年人，也要鞠躬行礼，亲热地向老年人问安。

如果到朝鲜族朋友家中做客，一定要先脱去鞋子，放在屋外，然后再进屋。主人常把客人安排在老年人的小饭桌上，如果遇到这种情况，就要根据自己的年龄、身份来决定是遵命，还是谦让。如果主人的全家向客人行礼，客人一定要恭敬地还礼，特别是对主人家的老人，更要表现出特别的尊敬。与主人交谈，也要像他们那样盘腿席炕而坐，不要站着或者采取其他姿势就座。陪客人用餐时，主人决不可以先把匙子放在桌上，否则被视为严重失礼。

朝鲜族是个能歌善舞的民族。每逢节日、庆典、婚礼、寿辰等喜庆日子，他们都要载歌载舞、鼓乐齐鸣，荡秋千、玩跳板等。朝鲜族舞蹈以农乐舞和长鼓舞最富特色，顶水舞、扇子舞等亦出名。歌曲以《道拉基》《桔梗谣》《嗯嘿呀》等最为有名。枷耶琴和洞箫是其具有民族特色的乐器。

（二）主要节日

朝鲜族的节日主要有春节、清明节、中秋节。传统节日有望月（又称"过正月十五"）、老人节（流行于黑、吉、辽三省，日期各异）、回甲节（又称"花甲节"）、回婚节（纪念结婚60周年）等。

七、维吾尔族

维吾尔族主要分布在新疆维吾尔自治区。

维吾尔族人信奉伊斯兰教。"维吾尔"意为"团结""联合"的意思。维吾尔族人具有勤劳、勇敢、爽朗的品德和性格。

（一）习俗礼仪

维吾尔族是一个很讲究礼节礼貌的民族。维吾尔族人对长者很尊敬，走路、说话、入座、就餐等都要先礼让长者。亲戚朋友相见，通常握手并互道"撒拉木"，行握手礼时还有一些规矩。路遇长者，晚辈要右手按胸，行30度鞠躬礼，并要连声说平安，然后握手，握手毕，双手抚摸自己的脸，名曰"都瓦"（一种祝福的宗教礼）；女的习惯于双手相交于腹略微躬身的"祝福礼"，礼毕握手，问候家里人平安，再寒暄数语；平辈相见，直接握手，道好问安。

维吾尔族男子外衣长过膝，无领，宽袖，腰系长带，既可保暖又可作放置零星物品之用。女子多穿连衣裙，外罩西服上装，且喜画眉，爱戴项链、耳环、戒指等。男女均喜穿皮靴，外出必戴鲜艳美丽、别具一格的绣花小帽。

维吾尔族很讲究主食，主食种类很多。食用最普遍的一种是馕——用玉米面或面粉制成的圆形烤饼，有的还加上肉、蛋和奶油。节日待客常用"帕罗"——用羊或牛肉、清油、胡萝卜、葡萄干、葱和大米做成，吃时用手抓，故又称"抓饭"，这是维吾尔族特有的饮食习惯。吃饭前要洗手三次，并用手帕或布擦干，不能顺手甩水；吃饭时，一般是盘腿坐在褥垫上，将抓饭盛到大盘里，用手指捏着吃。副食中肉食以牛羊肉、鸡肉为主。忌猪肉、驴肉、骡肉，南疆地区还禁食马肉、鸽肉。饮料一般是奶类，也常饮茶水。

维吾尔族在交谈中，忌讳吐痰、擤鼻涕、打哈欠，否则，会被认为是大不敬；送礼物时，接受人必须用双手接礼物，忌用单手，尤忌单用左手；睡觉时忌头东脚西或四肢平伸仰卧；屋内就座时应跪坐，忌双腿直伸、脚掌朝人；忌讳进入门口挂有红条（表示家有产妇和病人）的房子。

维吾尔族素有歌舞民族之称。维吾尔族的舞蹈轻巧、优美，以旋转快速、多变著称。比较流行的有刀朗舞、赛乃姆舞、萨玛舞、顶碗舞、摘葡萄舞等。

（二）主要节日

维吾尔族的传统节日有开斋节、古尔邦节和诺鲁孜节等。

第二节　港澳台地区礼仪

一、香港

（一）简况

香港简称港，古称香江、香海，有"东方明珠""旅游购物天堂"之称，是中华人民共和国的一个特别行政区。香港位于南海之滨珠江口东侧，北面与深圳特区相毗邻，西北距广州市约 140 千米，面积 1 106 平方千米，包括香港岛和九龙半岛的九龙、新界及其他离岛。香港现有人口 740 多万（含少量英、美、菲、印等国籍人）。香港是一个宗教信仰自由的地区，主要信奉佛教、道教、天主教、基督教、伊斯兰教等。香港人主要讲英语、粤语，1997 年 7 月 1 日回归后普通话逐渐普及。其货币称港元（Hongkong Dollar），简写为HK$。

香港是一个自由贸易港，是国际金融、国际贸易中心之一，也是一个举世闻名的国际大都市。其旅游的好去处有大屿山、海洋公园、浅水湾等。根据有关规定，从 1997 年 7 月 1 日起，内地因公人员前往香港须持有往来香港特别行政区通行证并签注。通行证、签注由国务院港澳事务办公室及其授权的地方外事部门签发。

（二）交往礼节

香港是中西文化交汇的典型地区。香港人身上既有中华民族传统文化的根，又受西方文化的深刻影响，因此比较迷信、含蓄、拘谨。香港人普遍使用西式称呼，即"先生""夫人""太太""小姐"之

类。人们见面、告别时行握手礼。亲朋好友相见时，也有行拥抱礼和贴面颊式的亲吻礼。他们向客人表达谢意时，往往用叩指礼。据说，叩指礼是从叩头礼演化而来的，叩指头即代表叩头。商务活动需交换名片，一面是英文、一面是中文的名片更受欢迎。

香港人善于经商，参加商务活动都很守时。在商务会谈中，初次见面最好送些小礼品，可选择食品、笔架、儿童书籍或有地方特色的产品；礼品要包装好，双手捧上；包装颜色以金黄色、红色、绿色为佳，不要用蓝色，因为这种颜色表示哀悼。如果有人送给你礼物，不要当面打开，要按中国传统致谢。探望病人时，礼品不可用白色或红色包装，因为白色为丧色，红色象征流血。登门拜访要事先电话预约，见面后主人奉茶，要在主人喝过后才可动手。若主人长时间未饮茶，忽然举杯只呷一口，则表示送客，这是中国古老的传统。

香港人较忌讳当众顶撞、指责对方或其他有失对方面子的事；交谈的话题一般不涉及较深的私人问题和进行生活水平的对比；接受称赞时，应礼貌地加以否定，不可像西方人那样说"谢谢"。他们对吉祥物、吉祥话、吉利数字很感兴趣。香港人过年互相说"恭喜发财"，而不说"节日快乐"，因为"快乐"与"快落"同音，不吉利。香港人有喜"3""6""8"厌"4""13""38""49"的习惯。

在香港接受各种服务，付小费已属一项必不可少的礼仪。香港的大多数饭店都在规定的价格上加收10%的服务费，而服务员还希望得到小费。在中高档餐厅用餐一般给10%左右的小费；客房服务给5～10港元即可；行李搬提给10～20港元；洗手间服务员、门童起码得给5港元。

（三）衣食习俗

香港是一个创造潮流和追赶时尚的城市，"趋时"是香港人着装的一大特点。人们通常根据一个人的衣着来判断他的身份和地位，就是所谓的"先敬罗衣后敬人"，因此，追求名牌也是香港人着装的一大特点。另外，香港人的服饰观念总的来看是比较自由的，人们对奇装异服和叛逆传统的打扮都能接受。

香港是一个集世界美食于一地的著名的"美食之都"。它集中了中西饮食文化之精粹，同时还具备了亚洲著名风味饮食特色，主要以广州粤菜为鼻祖，融合百家之长。人们在这里可以品尝到世界各地的美味佳肴。菜肴注重色、香，带有西方口味，取料花色繁多，烹饪技术精湛，品种适合时令。其特点是生、脆、鲜、淡、嫩。香港人忌讳在食鱼时把鱼翻过来，因为当地有种迷信的说法，认为这样会使渔夫在海上翻船。如果主人向你敬酒，你要以微笑相迎，与他人一样举起杯子，按习惯第一杯请干杯时要喝干，而后每次抿一口即可。宴会上米饭是用来果腹的，如果吃得过多会被认为是暗示主人吝啬，没有准备足够的菜肴。端上橘子表示用餐结束，客人应稍留片刻就走，客人可以吃橘子，也可以拿两个走。

香港的风俗与内地，特别是广东省相似。

（四）主要节日

香港地区的农历节日与内地基本相同，有春节、清明节、端午节、中秋节、重阳节等。公历节日主要有元旦（1月1日）、银行假日（7月1日或7月的第一个星期一）、自由日（8月25日）、圣诞节（12月25日）、邮政节（12月26日）等。

二、澳门

（一）简况

澳门，古称濠镜澳、濠镜，别称濠江、镜湖等，简称澳，是中华人民共和国的一个特别行政区。澳门位于珠江口西侧，毗邻珠海，东与香港隔海相望。澳门地处东南亚交通要道，素有"海上丝绸之路"之称，是太平洋西岸有400多年历史的著名国际商埠，面积30.8平方千米，由澳门半岛、凼仔岛和路环岛组成，三者之间有大桥和填海公路相接。澳门现有人口65.3万人。居民中60%属内地移民，本地出生的只占40%。居民信奉的宗教有佛教、伊斯兰教、道教、天主教、基督教等。在澳门，华语、葡语两种语言并存，1999年12月20日澳门回归后普通话逐渐普及。其货币称澳元（Patace），简写为Pat或P。

澳门是个旅游城市，名胜繁多，古迹荟萃。旅游景点有妈阁庙、普济禅院（观音堂）、莲峰庙、大三巴牌坊、孙中山纪念馆、望厦古堡、贾梅士博物馆等。

澳门素有"赌埠"之称，与美国的拉斯维加斯和摩纳哥的蒙特卡洛并称为世界三大赌城。澳门博彩业主要有三种类型：幸运博彩（赌场）；赛狗、赛马；彩票。

通行澳门同香港一样，均需办理有关手续。

（二）衣食礼俗

澳门人在社交场合与客人相见时，一般都以握手为礼。由于受欧洲人的影响，在亲朋好友相见时，有些人常常热情拥抱并相互拍肩膀

为礼。向客人表达谢意时，往往也用叩指礼。

澳门人在衣着方面，总的看来比较朴素。高级官员及华人名流，多穿西装；一般人则很简朴，夏季穿恤衫、夏威夷恤和西裤，T恤、牛仔裤和短裙是流行服饰；冬季除穿绒西装、大衣外，多穿绒裤或牛仔裤等。过去华人在出席隆重集会或喜庆日子时，多穿长衫；葡萄牙人只在特定的场合穿葡萄牙民族服装。

澳门是一个饮食文化比较深厚的城市，中西美食任选。无论是菜肴、汤类还是点心，做工都很精细，色香味俱佳。

"6" "8" "18" "1688" 等数字在澳门备受青睐。澳门人忌讳"13"和星期五，忌讳有人打听他们的年龄、婚姻状况及经济收入情况。

澳门的风俗与内地，特别是闽粤很相似。

（三）主要节日

澳门是一个多节日的城市，主要有春节、元宵节、清明节、端午节、中秋节、三八妇女节、六一儿童节、国庆节、父亲节、母亲节，还有圣诞节、土地诞、天后诞、关公诞、观音诞、贾梅士日等节日。

三、台湾

（一）简况

台湾简称台，位于我国东南海面上，东海和南海之间。西隔台湾海峡与福建省相望，东临太平洋，面积3.6万平方千米，由台湾岛、澎湖列岛、兰屿、钓鱼岛、赤尾屿、绿岛等200多个岛屿组成。台湾岛是中国最大的岛屿。台湾地处海路要冲，是我国最为重要的海防前哨。清朝时称之为"东南之锁钥""数省之屏障"。

宝岛台湾，在古代有着许多不同的名称。在汉代、三国时称夷洲；隋代，称为流求；南宋时，称为毗舍耶；明代时，称为东番；明末清初，才出现"台湾"一名。台湾系来自台湾西南部平埔人的一支"台窝湾"的简称，由族名而成为当地地名，后来又成为全岛的名称。

台湾现有人口2 300多万人，主要民族有汉族、高山族、回族、蒙古族、满族、维吾尔族等。汉族人口中，80%以上为闽南人。台湾人主要信奉的宗教有佛教、道教、天主教、基督教等，其中又以信奉佛教的居多。其货币称新台币（New Taiwan Dollar），简写为NT＄。普通话和闽南语为台湾各地的通用语言。

台湾多风景名胜，有日月潭、阿里山、郑成功庙、台北故宫博物院、台南孔庙等。

（二）交往礼节

台湾的礼仪基本上与祖国大陆相同，如见面时行握手礼并问好。亲朋好友相见时，也惯以拥抱为礼，或吻面颊。台湾的高山族雅美人在迎客时，一般惯施吻鼻礼，以示最崇高的敬意。商务交往应交换名片。称呼上为"先生""夫人""小姐"之类。拜访应事先约定，并准时赴约。上门做客应带上礼物。

在台湾民间送礼禁忌颇多：

（1）禁用手巾赠人。按台湾民俗，丧事办完，应送手巾给吊丧者留念，意为让吊丧者断绝与死者的来往，因而台湾俗语有"送巾断根"或"送巾离根"之说。所以，非丧事不宜赠手巾。

（2）禁用扇子赠人。扇子用于夏季扇凉，一到深秋再无利用价值，可狠心抛弃。台湾民间有句俗语："送扇，无相见。"因此，扇子不可当礼物赠人。

（3）禁用雨伞赠人。闽南话中"伞"与"散"同音，"雨"与"予"同音，"雨伞"与"予散"同音。因此，以伞送人难免会引起对方的误解。

（4）禁用刀剪赠人。刀剪是伤人的利器，含有"一刀两断"之意。以刀剪赠人，会让获赠者觉得有威胁之感。

（5）禁用粽子赠人。居丧之家习惯既不蒸甜果，也不包粽子。如果赠粽子给别人，则会被误解为把对方作为丧家，所以十分忌讳。

（6）禁用甜果赠人。逢年过节，人们常以甜果为祭祖拜神之物。因此，若以甜果赠人，会使对方有不祥之感。

（7）禁用鸭子赠坐月子的人。台湾妇女坐月子通常吃麻油鸡、猪肝、猪腰等热性食物。鸭子属凉性食物，而且台湾民间还有"七月半的鸭仔——不知死期"等谚语。若用鸭子赠给坐月子的人，易使对方联想到不祥之兆。

与台湾人相处，一定要尊重他们。若一见面就谈论自己的成就是不礼貌的；如果对他们的要求直接答"不"，也会认为是不礼貌的；而对别人提出的要求，他们常以沉默或提出困难来表示回应，点头表示理解，并非同意。

（三）衣食习俗

在服饰方面，台湾人参加商务活动一般穿西装。高山族同胞有自己的民族服装。男子一般穿披肩、背心、短褂、短裤，包头巾，打裹腿，有的地区用藤皮或椰树皮做背心；妇女穿有袖或无袖短上衣，以及自肩向腋下斜的偏衫，下穿裤子或裙子，裙子上面有纤巧精美的刺绣。妇女还喜欢佩戴贝壳、兽骨磨制的各种装饰品。

台湾人的饮食以闽南风味为主，饮食习惯与大陆同胞无多大差异。

（四）主要节日

台湾的重要节日除了春节、元宵节、清明节、端午节、中秋节、重阳节外，还有妈祖祭祀日（农历三月二十三）、"太阳公"祭祀日（农历三月十九）等。

"太阳公"祭祀日，是为纪念明朝崇祯皇帝殉难。每年农历三月十九，台湾居民面北遥祭"太阳公"，以示不忘大明（"太阳公"暗喻大明）。祭品主要是用发面制作并染成红色的猪，暗示"朱"姓。

[思考题]

1. 回族有哪些习俗礼仪？
2. 蒙古族有哪些习俗礼仪？
3. 藏族有哪些习俗礼仪？
4. 维吾尔族有哪些习俗礼仪？
5. 台湾民间送礼有哪些禁忌？
6. 香港有哪些习俗礼仪？

第九章

涉外礼仪

　　随着改革开放的不断深入，我国与世界各国在政治、经济、文化、教育、科技、体育等方面的交往日益增多。在对外交往活动中，人们必须掌握一些涉外礼仪，并了解各国的风俗习惯。

　　涉外礼仪就是在对外交往中，对外宾表示尊重、友好的礼节以及举行各种活动和庆典仪式的规范。各国文化传统、风俗习惯千差万别，礼仪也不尽相同。涉外礼仪既要维护本国优良的文化传统和民族自尊心，又要做到对别国文化传统和风俗习惯的尊重。因此，与外宾交往的一言一行、一举一动，都应符合涉外礼仪规范，以维护国家的尊严、单位形象和声誉，进一步促进友好往来。

第一节　见面礼仪

　　在外交活动中，见面时的礼仪很多，主要有招呼、称呼、合十礼、拥抱礼、亲吻礼、军礼、鸣炮礼等。

一、招呼

　　招呼是人们见面时最常用的礼节，即在日常的社会交往中，人们见面时的互相致意和问候。与西方人打招呼，要避免用中国式的用语，如"您上哪儿去""您吃过饭了吗"，这会造成误解。一般用语是"早上好""下午好""晚上好""您好"等。在信奉伊斯兰教的国家，打招呼的第一句话是"愿真主保佑";在信奉佛教的国家,则是"愿菩萨保佑"。这类问候语都是祝福的意思。

遇见熟人不打招呼,或者不回答别人向你打的招呼,都是不礼貌的。尤其是在外事场合,遇见面熟的人就打声招呼、点点头或者笑一笑,以免冷淡了可能认识自己的人。

如果和许多朋友见面,问候和致意的顺序是:先女后男,先长辈后晚辈;如果两对夫妇见面,应该先是两个女人相互致意,然后是两个男人分别向对方妻子致意,最后才是两个男人互相致意。

由于世界各民族的传统文化不同,其打招呼的礼仪也各不相同,譬如脱帽、握手、鞠躬等。其中互相致意最常见的是握手礼。

二、称呼

在国际交往中,一般对男子称"先生",日本人对身份高的女子也称"先生"。"女士"是西方国家对成年女性的通称,已婚女子称"夫人",未婚女子称"小姐"。不了解婚姻状况的女子,可称"小姐"。这些称呼均可冠以姓名、职称、衔称等。

对地位高的官方人士,按国家情况可称"阁下"或"先生"。但美国、墨西哥、德国等没有称"阁下"的习惯,对有地位的男士可称"先生"。君主制国家,按习惯称国王、皇后为"陛下",称王子、公主、亲王为"殿下"。对有爵位的人,可称爵位,也可称"阁下""先生"。

对于宗教界神职人员,可称呼他们的宗教职称,或加姓名、"先生",如"牧师先生""阿卜杜拉阿訇"等。宗教礼仪中忌讳较多,称呼时要多加注意。如"神父"(天主教)与"牧师"(新教)切不可混用。

三、合十礼

合十礼又称合掌礼,即把两手掌在胸前对合,五指并拢向上,掌尖和鼻尖基本平视,手掌向外倾斜,头略低。一般手合得越高,越表示对对方的尊敬,但不能高过眼睛。这种礼节,通行于南亚与东南亚信奉佛教的国家。它显得比握手高雅,还可以避免传染疾病。在国际交往中,当对方用这种礼节致礼时,我们也应以合十礼还礼。由于双方关系不同,姿势也略有差异:

(1)佛教徒拜佛或拜高僧,以跪拜为至尊,并以合十的手掌尖举到眉尖会合处为限。

（2）学生拜师长，要采用蹲式，合十的掌尖也应齐眉。

（3）政府各部门的公务人员拜长官，是站着行礼，合十的掌尖以举到口部为准。

（4）平等官阶或是平民百姓相拜，同样是站着行礼，但其合十的掌尖举至胸部即可。

四、拥抱礼

这是流行于欧美的一种见面礼节，多用于迎送宾客或表示祝贺、感谢等场合，通常与接吻礼同时进行。有时是热情友好的拥抱，有时则纯属礼节性的拥抱。拥抱时，两人相对而立，右臂偏上，左臂偏下，右手扶在对方左后肩上，左手扶在对方的右后腰，按各自的方位，双方头部及上身都偏向自己的左部并互相拥抱，然后头部及上身偏向自己右部，并相互拥抱，最后再次向左拥抱。要是在普通场合，以拥抱为礼，则不必如此讲究，只要将热情友好之意表达出来就行了。

五、亲吻礼

亲吻的起源有多种说法。有人说这是人类从鸟类的哺雏受到的启发；又有人说婴儿能从吮吸中得到乐趣；还有人说人类穴居时因缺少盐分，所以聚在一起用舔朋友面颊的方式增加盐分，以后就发展为亲吻礼。亲吻礼在西方是一种古老的礼仪，到中世纪以后就有了一些不同的要求，礼仪方式也变得多种多样，各种禁忌也多了起来。

在欧洲和阿拉伯国家，亲吻是上级对下级、长辈对晚辈或在朋友间和夫妇间表示亲昵、爱抚的一种见面礼，并视不同对象采用亲额头、贴面颊、接吻、吻手背等形式（现在人们吻唇只限于夫妇之间或未婚夫妻之间）。在公共场合见面时，为表示亲近，妇女之间可以亲脸，男子之间可以抱肩拥抱，男女之间可以贴脸颊，长辈可以亲晚辈的脸或额头，男子对尊重的女宾则只吻其手背，等等。

在我国传统的礼节中，没有亲吻的习惯。现为尊重对方，也可酌施此礼。

六、军礼

现代许多国家的军人，都通用一种军礼或举手礼。行军礼时，举右手，手指伸直并齐，指尖接触帽檐儿右侧，手掌微向外，右上臂与肩齐高，双目注视对方，待受礼者答礼后方可将手放下。

为礼宾的需要而设立的礼兵队伍，称军礼仪仗队。军礼仪仗队通常由若干名武装士兵组成，列队在元首府门前，受国家元首或政府首脑的检阅。有的国家军礼仪仗队虽设列队，但元首或政府首脑不检阅。

我国军礼仪仗队由陆、海、空三军士兵组成，设在人民大会堂东门，不同的规格由不同的人数组成。首脑规格的仪仗队，由 151～178 人组成；国防部长、三军总参谋长检阅三军，由 127 人组成仪仗队；三军领导人检阅，由本军种组成 104 人的仪仗队。接受检阅时，军官行举手礼，士兵行持枪注目礼。

七、鸣炮礼

鸣炮礼起源于英国，意思是表示友好，解除武装，自己把自己炮膛里的炮弹全部打完。鸣放炮数的多少，则说明友好诚意和对对方尊重的程度，久而久之，鸣放礼炮便成为许多国家迎送国宾的国际礼节。现在国际惯例是：欢迎国家元首或相应级别的人时，鸣放 21 响礼炮；欢迎政府首脑或相应级别的人时，鸣放 19 响礼炮；欢迎副总理级官员时，鸣放 17 响礼炮。依次类推，均取单数。因为过去的外国海军有一种迷信，即视双数为不吉祥的数字，所以一直沿用至今。

很多国家在举行盛大庆典时也鸣放礼炮，但响数、鸣放时间等都根据各国的具体情况而定。我国的开国大典鸣放礼炮 28 响。毛泽东同志说，开国大典的礼炮要放 28 响。理由是中国共产党横空出世，刚满 28 岁，28 响礼炮就是对中国共产党 28 年风雨历程的赞礼。

第二节　接待礼仪

国际交往中的许多外事活动，包括官方的或民间的，往往都要通过各种接待工作加以体现。这些交际活动的礼仪，国际上都有惯例，但各国往往又根据本国的传统特点和风俗习惯有着自己独特的做法。有时因特殊情况的需要，还要对惯例加以灵活运用和变通。作为涉外接待人员对此应有一定程度的了解和掌握，才能做好接待工作。

一、礼宾次序及其要求

礼宾次序是指国际交往中对出席活动的国家、团体、各国人士的位次按某种规则和惯例进行排列的先后次序。通常来说，礼宾次序体现东道主给予各国宾客的礼遇；而在某些国际性的集会上则表示各国主权平等的地位。如果礼宾次序安排不当，就会产生这样或那样的麻烦。其排列方法，通常有三种：

（1）按外宾的身份与职务的高低顺序排列。这种排列方法是礼宾次序排列的主要依据。如按国家元首、副元首，政府总理（首相）、副总理（副首相），部长、副部长等顺序排列。各国提供的正式名单或正式通知是确定职务的依据。

（2）按参加国国名的字母顺序排列。多边活动中的礼宾次序通常按参加国国名字母顺序排列。一般以英文字母顺序排列，也有按其他语种字母顺序排列的。国际会议和体育比赛多用这种方法。如在重大国际体育比赛的开幕式上，各国体育代表团均依照国名的字母顺序排列，只有东道主的代表团出于礼貌排在最后。联合国大会的席次也按英文字母顺序排列，但为了避免一些国家总是占据前排席位，因此，用每年抽签一次的办法来决定本年度大会的席位以哪一个字母打头，以便让各国都有机会排在前列。

（3）按通知代表团组成的日期先后排列。在一些国家举行的多边活动中，若各国代表团的身份、规格大体相等，东道主则按派遣国通知代表团组成的日期排列，或按代表团抵达活动地点的时间先后排列，或按派遣国决定应邀派遣代表团参加该活动答复的时间先后排列。

另外，在安排礼宾次序时还应考虑到其他方面的因素，如国家之间的关系，所在地区，活动的性质、内容，对活动的贡献大小，以及参加活动人的声望、资历和年龄等。对方亦应由与外宾身份、职务相当者接待陪同。

在民间外事来往中，对礼宾次序虽没有官方交往中看得那么重要，但也大意不得。

为安排好次序，涉外人员在实际工作中，要耐心、细致、反复考虑研究，多设想几套方案，择其优者而从之，以免造成不必要的麻烦或误解。

二、迎送外宾的礼仪

在国际交往中，对来访的外宾，一般视其身份、地位和访问性质及两国间相互关系安排相宜的迎送。迎接外宾前首先要做好两件事：一是确定迎送的等级规格；二是掌握抵达和离开的时间。对于迎送规格，各国做法不尽一致，没有固定的模式。但其基本要点和原则是一致的，即主要根据来访国宾或宾客的地位、身份和访问的目的，考虑两国间的关系，同时注意国际惯例等做出决定。一般情况下，主要迎送人与来宾的身份、地位要相当，由于其他原因对口单位的对等人不能出面时，可灵活变通为由职务相当的人或副职代替，并礼貌地向对方做解释。迎送人数的多少要适宜，在掌握来宾准确到达时间之后，迎接人员应在飞机（火车、船舶）抵达前到达；在明确离开时间后，送行人员应前往宾客住宿处，用车送其至机场（车站、码头），等飞机起飞（列车开动、轮船离开码头）再离开。具体的迎送礼仪分官方和民间团体两种。

（1）官方迎送礼仪。官方迎送要举行仪式。迎送仪式一般在机场（车站、码头）举行，也有在特定场所举行的，如总统府、议会大厦、国宾馆等地方。迎送仪式大体有：悬挂宾主双方国旗，宾右主左；在国宾行走道上铺红地毯；接待国职务、身份对等的官员临场；需要时通知各国或部分国家驻本国的使节参加；由儿童或女青年献鲜花；奏两国国歌，先宾后主；检阅仪仗队，来宾在右，主迎在左，沿红地毯徐徐行进；鸣放礼炮。

我国对外国元首、国宾的迎送仪式大体如下：国宾抵达，由指定的陪同团长或主持外交、外事工作的对等领导人到机场、车站迎送，并陪同来宾到下榻的宾馆；于当日或次日，在人民大会堂东门外广场举行隆重的欢迎仪式，天气不好时则在东门内中央大厅举行。欢迎仪式一般为双边活动，悬挂宾、主两国国旗，不邀请各国驻华使节出席；组织首都少年儿童欢迎队伍；领导人会见；少年儿童献花；奏两国国歌；检阅三军仪仗队。国宾离京，国家领导人到宾馆话别，由陪同团团长和外交部领导人陪同到机场、车站或陪同到外地访问。

（2）民间团体迎送礼仪。不举行正式仪式，只安排对口单位的对等人员前往迎送。对身份较高的宾客则安排在机场（车站、码头）贵宾室稍作休息，将住房、乘车号码卡片发到客人手中，便于客人主动配合。对一般客人，重点做好各项具体活动和生活安排，派出人员迎送，双方互相介绍。对有大批客人的团体，可预先准备特定的标志，如小旗、牌子，以便于主动接洽。

接待服务人员在迎送工作中应注意几项具体事务：其一，对迎送身份高的来宾，应事先在机场（车站、码头）安排贵宾休息室，并准备好饮料；其二，安排好汽车，预订住房；其三，指派专人协助办理入、出境手续及机票（车船票）和行李提取或托运手续等事宜；其四，来宾抵达下榻处后，一般不宜马上安排活动，应让其稍作休息，消除疲劳，并保证留有足够时间让来宾们更衣。

三、悬挂国旗的礼仪

国旗是一个主权国家的标志和象征。在一个主权国家领土上，一般不得随意悬挂他国国旗。在国际交往中，已逐渐形成了悬挂国旗的一些惯例，为各国所公认。

世界上各国国旗的颜色主要有红、绿、蓝、黄、白、黑等色，这些颜色各有一定的含义。红色象征先驱者的鲜血，象征为国家独立和民族解放而斗争的精神。红色用得较普遍，中、美、法、英、俄、日等国国旗都有红色。绿色象征着吉祥；蓝色代表海洋、河流、天空；黄色象征阳光、黄金、矿藏、货源和财富等；白色通常表示和平、纯洁、公正。

按照国际惯例，悬挂双方国旗，以右为上，左为下。国际礼仪左、右的概念不是从观众的角度来区分的，而是从事物本身的角度来分辨的。当两国国旗并挂时，以旗本身的面向为准，右边挂客方的国旗，左边挂本国的国旗。如果国旗悬挂于汽车上，则以汽车行进的方向为准，驾驶员的左手为主方，右手为客方。所谓主客，不以活动所在国为依据，而以举办活动的主人的国籍为依据。例如，外宾来访，东道主国举行欢迎宴会，东道主国是主人；来访者举行答谢宴会，来访者是主人。国旗不要随意交叉悬挂或竖挂，更不得倒挂。制旗要规范、整洁。如果并挂、悬挂两面不同规格、尺寸的国旗，应将一面国旗放大或缩小，以使国旗面积大致相等。悬挂国旗宜以正面（即旗套在旗的右方）面向观众，不用反面。一般国际上通行的挂旗方法如图 9 –1 至图 9 –6 所示。

图 9 – 1　三国以上国旗并挂

（注：多面并挂，主方在最后，如系国际会议，无主客之分，则按会议规定之礼宾顺序排列）

图 9 – 2　两国国旗并挂

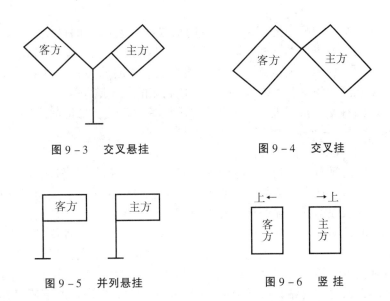

图9-3　交叉悬挂　　　　　　图9-4　交叉挂

图9-5　并列悬挂　　　　　　图9-6　竖挂

　　在不同的场合悬挂国旗有不同的规范。一般在室外的旗杆或建筑物上挂旗,是日出升旗日落降旗;在外宾来访、国际体育比赛、国庆庆典升旗时要以国歌相伴;一个国家的元首、政府首脑在他国领土上访问,在其住所及交通工具上悬挂本国国旗是一种外交特权;而作为东道主国,在接待来访的外国元首、政府首脑时,在贵宾下榻的宾馆、乘坐的汽车上悬挂对方的国旗,是一种礼遇。

　　如某位国家领导人逝世,为表示哀思,通常的做法是降半旗。降半旗时要首先把旗升到杆顶,再降至离杆顶相当于杆长三分之一处。也有的国家不降半旗,而在国旗上方挂黑纱致哀。

第三节　欧美主要国家礼仪

一、德国（Germany）

（一）简况

　　德国是德意志联邦共和国（The Federal Republic of Germany）的简称。古德语意为"人民的国家"或"人民的土地"。居民以信奉基督教和天主教为主;国语为德语,首都柏林。其货币过去称德国马克（Deutsche Mark）,简写为DM,现为欧元（euro,欧元符号由拉丁字母C中间加两横组成,其外形以希腊字母 ε 为蓝本,象征欧洲文化的摇篮和欧洲文字的第一批字母，平行的双横线代表欧元的稳定）。国花为矢车菊，国树是爱支栎，国鸟是白鹳，国石是琥珀。主要名胜有科隆大教堂、吕德斯海姆老城、柏林国会大厦、波恩文化艺术展览馆、慕尼黑德国博物馆、海德堡城堡、巴伐利亚的新天鹅堡等。

德国有"经济巨人""酒花之国""啤酒王国""运河之国"等美称。

（二）交往礼节

德国人勤劳，有朝气，守纪律，好清洁，爱音乐，比较注重礼仪。

德国人在社交场合与客人见面时，一般惯行握手礼；亲朋好友相见时，一般惯施拥抱礼；情侣和夫妻间见面惯施拥抱和亲吻礼。在称呼别人时，一般不喜欢直呼其名，而要称头衔；接电话时首先要告诉对方自己的姓名。在街上两人并行时，右边为尊；三人并行，中间为尊。宴会上，男士坐在女士或职位较高者的左侧；当女士离开饭桌或回来时，男士则要站起来以表示礼貌。喝啤酒时，一般情况下不碰杯，一旦碰杯，则必须一口气将杯中的酒喝完；为别人斟酒时，一定要斟满，否则为失礼。

应邀到德国人家中做客，通常以鲜花为礼物（不要包装），且必须是单数，5支或7支即可，但切不可送玫瑰花，因为它表示你暗恋女主人；其他礼物如威士忌酒、高质量的纪念品等都受欢迎，但不可送葡萄酒，因为此举说明你认为主人选酒的品位不高。若送刀、剑或刀叉等餐具，则请对方付一个硬币给你，以免所送的礼物伤害你们之间的友谊。德国人对礼品包装很讲究，但忌讳用白色、褐色的包装纸，也不用彩带系扎礼品。与德国人交谈时，不要询问其私人情况，也不宜涉及纳粹、宗教与党派之争。

（三）衣食礼俗

德国人衣着的总体风格是庄重、朴素、整洁。德国商人喜欢穿三件套西装，并喜欢戴上呢帽。他们也希望对方与之穿戴相似。

德国人的主食为肉类、马铃薯、色拉等。马铃薯的吃法是以叉、刀背将其压碎，而不是用刀子切割着吃。大多数德国人不爱吃鱼。德国人的饮食口味较重，偏油腻，也很喜欢中国菜。早餐较简单，主要是咖啡、小面包、黄油和果酱或少许灌肠和火腿；午餐（主餐）和晚餐较丰盛，也喜欢以大米、面条为主食；晚餐大多是夹着香肠或火腿的吐司之类的冷餐。德国人用餐时有几条规矩：其一，吃鱼用的刀叉不得用来吃肉或奶酪。其二，先喝啤酒，再喝葡萄酒，要是反过来喝，则认为有损健康。其三，食盘中不宜堆积过多的食物。其四，不得在用餐中扇风。

（四）禁忌

德国人忌讳"13""666"和星期五；忌吃核桃（认为核桃是不祥之物）；忌蔷薇、菊花（认为这些花是为悼念亡者所用的）；忌红色、茶色和深蓝色；忌交谈时将手插在口袋里。

（五）主要节日

国庆日 10 月 3 日。民主日 5 月 7 日。啤酒节是慕尼黑的一个民间传统节日，时间为每年 9 月的第三个星期六至 10 月的第一个星期日。节日期间，热闹非凡，人们载歌载舞，开怀畅饮。

狂欢节是德意志民族自古以来就有的一个传统节日。从每年 11 月 11 日 11 时开始，到第二年复活节 4 月 4 日前止。在狂欢节结束的前一天，一定是星期一，这一天被称为"疯狂的星期一"。在此之前的最后一个星期四，称为"女人节"，而且是狂欢节进入高潮的标志。"女人节"要表演女人夺权的喜剧，可以坐市长的椅子，还有许多地方的妇女拿着剪刀在街上专门剪男人的领带，并拿回家去钉在墙上欣赏。"疯狂的星期一"主要活动有两项：一是化装大游行；二是举办大型狂欢集会和舞会，一直到深夜。

二、英国（United Kingdom）

（一）简况

英国是大不列颠及北爱尔兰联合王国（The United Kingdom of Great Britain and Northern Ireland）的简称。"不列颠"在凯尔特语里为"杂色多彩"之意。因有部分不列颠人迁居法国，故将本土称为大不列颠。主要由英格兰人、威尔士人、苏格兰人和爱尔兰人组成，居民多信奉基督教和天主教。官方语言和通用语言为英语。首都伦敦，被称为"世界雾都"。其货币称英镑（Pound Sterling），简写为£。国花为玫瑰，国鸟是知更鸟（红胸鸲），国石是钻石。主要名胜有不列颠博物馆（大英博物馆）、圣保罗大教堂等。

英国有"世界工场"之称。

（二）交往礼节

英国人性格内向，遇事谨慎，感情不外露，比较保守，但自信，大多数人追求绅士、淑女风度，讲文明、重礼节。

在交际中双方初次见面行握手礼，女子一般施屈膝礼。英国人不喜欢见面时拥抱，一般只是点头致意或用手指碰一下帽檐儿，彼此寒暄几句。英国人喜欢别人称他的荣誉头衔，如某某爵士；亦称已婚女士为"夫人"、未婚女士为"小姐"。他们讲话十分客气，"请""谢谢""对不起"常挂在嘴边。英国人很注意尊重妇女，"女士优先"已成为社会习惯。

对英国人来说，未经预约拜访是非常失礼的。到英国人家中做客，一般的礼品有高级巧克力、名酒、鲜花或客人自己国家的民间工艺品，但礼物价值不宜过高。在接受礼品方面，主人常常当着客人的面打开礼品，无论礼品价值如何，是否有用，他们都会给予热情的赞扬且表示谢意。主人提供的饮品，客人饮量以不超过 3 杯为宜。英国人一般不喜欢邀请客人到家中饮宴，聚会大多在饭店进行；参加正式宴会，人们都很注意着装。

（三）衣食礼俗

英国人对衣着很讲究。他们崇尚绅士、淑女风范，好讲派头，强调矜持庄重。上等家族人身穿燕尾服，戴礼帽，持手杖（文明棍）或雨伞，其他人多穿三件套式西装。

大多数英国家庭一日四餐，即早餐（上午 7 点至 9 点），食物主要是麦片、牛奶、火腿、三明治等；午餐（中午 11 点左右），一般是冷肉、土豆和凉拌菜；茶点（下午 4 点至 5 点），这是非正式用餐，即一边喝茶，一边吃些点心；晚餐（晚上 7 点半左右），这是正餐，主要食物是各种肉类、野味和蔬菜。英国人口味清淡，喜喝清汤，爱喝酒，也特别喜欢喝茶。真正的英国人大多有喝"被窝茶"（早晨）、"下午茶"（午后）的习惯，喝茶比较定时，一般在上午 10 点左右和下午 4 点左右。他们不喝清茶，而是先在杯中放牛奶，然后冲茶，最后放一点糖。如果先倒茶再冲牛奶，会被视为无教养。

（四）禁忌

英国人忌讳数字"3""13"和星期五；忌用一次火点 3 支烟；忌讳 4 人交叉握手；忌询问对方个人情况，英国人的生活戒条是"不管闲事"；忌以王室的家事作为笑话题材；忌称对方为"英国人"，一定要具体情况具体对待，将其分别称为英格兰人、苏格兰人、威尔士人或北爱尔兰人，或采用"不列颠人"这一统称；忌佩戴条纹领带；忌用人像作服饰图案或商品包装；忌大象、孔雀、猫头鹰等图案；讨厌墨绿色；忌过分表露喜、怒、哀、乐的感情；忌讳在众人面前相互耳语；忌讳把食盐碰撒（将食盐碰撒被认为是朋友争吵和断交的预兆，

应立即再抓些盐从左肩抛出，以解除忌讳）；忌讳百合花；忌直接提"厕所"这个词；忌打碎镜子（英国人将打碎镜子视为不祥之兆，解救的方法是当月圆时，偷偷将自己口袋里的硬币翻个面，以"逢凶化吉"）；用食指和中指表示"V"字胜利之意时，手心一定要朝外，手背朝外是极不礼貌的。

（五）主要节日

国庆日为6月第二个星期六。英联邦节为5月24日。在英国人的节日中，圣诞节（12月25日）和新年（1月1日）最为隆重。圣诞节互寄圣诞卡，送圣诞礼物，过了圣诞节就寄新年贺卡。英国人在除夕之夜，喜欢举杯痛饮，高唱《辞岁歌》；元旦，各家各户打扫厨房，认为这可以驱逐恶魔。他们还举行"卜蛋"仪式，即将蛋放入一盘清水中以其形状来卜吉凶。这一天，青少年要先跨入长辈的门槛儿，并赠送一块煤，祝愿家里的煤长燃不熄。英国人还有一个习俗，就是把新的一年是否吉祥如意，寄托在第一个来访者身上。此外，还有2月14日的情人节、4月1日的愚人节、5月末的降灵节等。

三、法国（France）

（一）简况

法国是法兰西共和国（The Republic of France）的简称。法兰西由法兰克部落名演变而来。法兰克在日耳曼语中意为"勇敢的、自由的"。主要由法兰西人（约占90%）、布列塔尼人、巴斯克人和科西嘉人组成，居民多信奉天主教。官方语言为法语。首都巴黎，是世界著名的花都、世界著名美城、"浪漫之都""时装之都"，也是一座世界闻名的历史文化名城。其货币过去称法国法郎（French Franc），简写为FF，现为欧元。国花是鸢尾花，国鸟是公鸡，国石是珍珠。主要名胜有蓬皮杜文化中心、埃菲尔铁塔、凯旋门、巴黎圣母院、凡尔赛宫、罗浮宫等。

法国素有"奶酪之国""葡萄之国""艺术之邦""时装王国""名酒之国"等美称。

（二）交往礼节

法国人性格爽朗热情，谈吐幽默风趣，注重守时。双方见面时，通常行握手礼，同时说一声"先生，幸会"。如是亲朋好友相遇，则以亲吻或拥抱代替握手。两个相识的人在路上相遇时，可互相点头致意。如果双方都戴帽，脱帽也是一种致意。在做自我介绍时，一般先通报自己的姓名及所担任的职务，同事之间很少以名字相称，除非在挚友之间。人们一般只以"先生""夫人""小姐"相称，无须加上对方的姓。今日欧美的许多礼仪都出自法国，其中最为典型的尊重妇女的风尚，就是公元5世纪进入西欧的古代日耳曼人的传统。

设家宴款待是对朋友最高的待遇。应邀到法国人家中做客，应带上小礼品，如送给小孩的糖果、巧克力，送给女主人的一束鲜花等。在法国人眼里，不同的花表示不同的感情；送花时，通常为单数，但要避开"13"这个数目。另外，法国本土产的香槟酒、白兰地、香水（男士不可送香水给女士，否则有过分亲热或图谋不轨之嫌）、艺术品、书籍等也是受欢迎的礼物。不要谈个人问题和政治、种族、宗教等问题。

（三）衣食礼俗

法国人的衣着十分考究，尤其是妇女，可以说她们是世界上最喜欢打扮的人。在法国从事商务活动宜穿保守式西装。

法国烹饪享誉全球。法国人把就餐视为人生一大快事。法国菜的特点偏重于鲜嫩。法国最名贵的菜是鹅肝。法国人爱吃的菜肴有：猪肉、牛肉、各种香肠、蜗牛和青蛙腿等，并有吃生菜肴的习惯。口味偏爱酸、甜、咸味，不爱吃无鳞的鱼，也不爱吃辣味重的菜肴。

法国人的早餐比较简单，但非常重视晚餐。就餐时，要把碟中的食物吃完，否则会冒犯女主人或厨师。因此，世人总结在吃法上的讲究是：英国人"注意着礼节吃"，德国人"考虑着营养吃"，意大利人"痛痛快快地吃"，而法国人则"夸奖着厨师的技艺吃"。

法国是香槟酒、白兰地酒的故乡。法国人饮酒是惊人的。他们喝酒就像英国人喝茶一样，想喝就喝，尤其爱饮葡萄酒、玫瑰酒、香槟酒等。

（四）禁忌

法国人忌数字"3""13""666"和星期五。忌核桃图案（不吉利）、仙鹤图案（淫妇的代名词）、孔雀（被看作是祸鸟）和大象（意为蠢汉）；忌黄色的花（意为不忠诚）、菊花（代表哀伤）；忌墨绿色（因第二次世界大战时德国纳粹军服为墨绿色）、紫色（西方公认的同性恋者色彩）；忌送刀、剑、刀叉之类的礼品（此类礼品表示双方断绝关系）。

（五）主要节日

主要节日有元旦（1月1日）、复活节（3月21日月圆后第一个星期日）、国际劳动节（5月1日）、贞德就义日（5月30日）、国庆日（7月14日）、诸圣节（11月1日）、圣诞节（12月25日）。

法国人过年有一种习俗，家中不能有剩余的酒，否则，会被认为来年要交厄运。因此，他们在除夕晚上要将家中的酒都喝光，以致许多人都会喝得酩酊大醉。

四、俄罗斯（Russia）

（一）简况

俄罗斯（Russia）或俄罗斯联邦（The Russian Federation），主要由俄罗斯人、鞑靼人、乌克兰人、楚瓦什人、巴什基尔人等组成，居民多信奉东正教。国语为俄语。首都莫斯科。其货币称卢布（Rouble），简写为Rub。国花为葵花。主要名胜有红场、列宁墓、克里姆林宫、普希金广场和普希金像、瓦西里·勃拉仁内大教堂、小剧院、大剧院、冬宫、彼得宫、五层湖等。

（二）交往礼节

俄罗斯人性格开朗豪放，真诚坦率，不善掩饰，注意礼貌，热情好客。

在交往中，初次见面行握手礼。熟悉的朋友，久别重逢时，一般要热情拥抱，甚至亲吻双颊，但男士对女士多为吻手背。称呼上，在非常熟悉的朋友之间，可直呼其名（本名），在不太熟悉的朋友之间或公务社交场合，年轻人对长辈、下级对上级则必须使用尊称，即本名、父名、姓氏加"先生""夫人"等称呼或头衔，对妇女不能称"太太"。与客人相见要互相问好，并道"早安""午安""晚安"，言谈中"对不起""谢谢"等时常挂在嘴边。俄罗斯人的"您"与"你"分得非常清楚，不可随意乱用。他们举止文雅，衣着得体，并保持着尊重女士的良好风尚。

到俄罗斯人家中做客时，应注意礼节，如进门后应脱下大衣、帽子等；带给主人的礼物可以是一瓶酒或一束鲜花，也可以是艺术品或书籍。送花时花的颜色应为红色（参加婚礼可送白色或粉色鲜花），花束必须是单数，他们视单数为吉祥的象征。他们常将面包和盐献给客人，以表示敬意。谈话时，应多聊他们的传统文化，这是他们最喜欢的话题。

（三）衣食礼俗

俄罗斯人爱整洁，外出时，总是衣冠楚楚，不扣好扣子或将外衣搭在肩上都被认为是不文明的表现。城市居民多着现代西装,春秋季喜欢在西装外套一件漂亮的风衣,冬季则以呢大衣为主。女士爱穿裙子。

俄罗斯人用餐时,第一道菜是汤,汤的种类较多,著名的有罗宋汤;食物以面包、牛奶、奶油、肉类和土豆为主。口味偏爱甜、咸、油腻,不吃乌贼、海蜇、海参和木耳等。境内的鞑靼人忌吃猪肉、驴肉和骡肉,境内的犹太人不吃猪肉和无鳞的鱼。俄罗斯人最爱喝的饮料是格瓦斯(是用薄荷、面粉、葡萄干、水果等加白糖发酵制成的一种清凉饮料),多数人爱喝伏特加等烈性酒和啤酒。饮茶是俄罗斯人的嗜好,尤其是红茶,茶水一般要放糖,也有放盐的,喝茶时还配有果酱、蜂蜜、糖果和甜点心。俄罗斯人吃饭时常说:"祝你好胃口!"除一日三餐之外,还有两顿加餐,分别在上午10点左右和下午4点左右。

(四)禁忌

俄罗斯人忌数字"13",最喜欢"7";忌问女士的年龄;忌兔子(认为兔子是一种怯弱的动物);忌黑色(认为黑色是丧葬的代表色);忌黑猫(视其从面前跑过为不幸的象征);忌用黄色鲜花送人(黄花意味着变节);忌打破镜子(意味着灵魂的破灭,个人生活出现不幸),而打破杯子和碗,特别是盆子、碟子则意味着富贵和幸福。俄罗斯人对盐十分崇拜,视其为珍宝和祭祀用的供品。他们认为盐具有驱邪除灾的力量,但如果有人不慎打翻了盐罐或把盐撒在地上,则认为是家庭不和的预兆。无论干什么都用右手,避免用左手。

(五)主要节日

主要节日有圣诞节(东正教节日,1月7日)、洗礼节(东正教节日,1月19日)、谢肉节(复活节前第8周)、复活节(4月23日)、清明节(复活节后第9天)、国庆日(6月12日)、桦树节(6月24日)、十月革命节(11月7日)、俄罗斯之冬等节日。

五、美国(America)

(一)简况

美国是美利坚合众国(The United States of America)的简称。英语中美利坚和亚美利加为同一词。国徽格言是:合众为一。美国是一个移民国家,其中84%为欧洲移民后裔,13%为黑人,被誉称为"民族熔炉"(几乎容纳了全世界各民族的人)。居民主要信奉基督教新教、天主教、犹太教和东正教等。国语为英语。首都华盛顿。其货币称美元（United States Dollar），简写为 US＄。国花一说是山楂花，一说是玫瑰花。另外还流行一种折中的说法，即以玫瑰为国花，以山楂为国树。国鸟是白头鹰，国石是蓝宝石。主要名胜有国会大厦、白宫、雾谷大厦、五角大楼、华盛顿纪念塔、林肯纪念馆、杰弗逊纪念亭、国家自然历史博物馆等。

（二）交往礼节

美国人性格随和友善，热情开朗，讲礼貌而不拘多而琐碎的细节，喜欢幽默，独立精神强，充满自信心，自满而傲慢，追求新奇，爱好变革。

人们见面和告别时行握手礼，彼此很熟悉的女性之间、男女之间也亲吻面颊。但亦有见面时只点头微笑，说一声"Hello"或"Hi"表示问候的。在称呼上，人们喜欢直呼其名，但出于礼貌还是以"先生"（男孩子年满 12 岁就可称为先生）、"夫人""女士""小姐"或对方的职衔称呼客人，熟悉之后可不受约束。"女士优先"已成为社会习惯。人们常把"请""谢谢""对不起"等挂在嘴边。

到美国人家中做客，要事先约定，进门后应脱下帽子和外套，先向女主人问好，再向男主人问好。主人喜欢听赞赏家中摆设的语言，而不愿听到询问价格的话。美国人比较喜欢的礼物有书籍、文具、鲜花、巧克力以及中国工艺品。不宜送给美国人的礼品有香烟、香水、内衣、药品以及广告用品。他们不太计较礼物的便宜与贵重，但却十分讲究包装。给美国人送礼时，注意不要送双数，他们认为单数是吉祥的。美国人收到礼物后，会立即打开，当着送礼人的面欣赏或品尝礼物，并立即向送礼者道谢。美国人时间观念很强，因此，赴约一定要准时，如果不能按时到达，应打电话通知对方，并表示歉意。朋友聚会或业务往来，应邀一道吃饭时，要注意由谁付款，美国非常流行 AA 制的聚餐。赴宴时，当女士进入餐厅时，在场的男士都要站起来表示尊敬。

美国人谈话时不喜欢双方离得太近，惯于两人的身体保持一定的距离，一般应保持 120～150 厘米，最少也不得少于 50 厘米。

（三）衣食礼俗

美国人的衣着，可以说是自由、严谨两分明。他们日常的穿着自由自在、无拘无束，全凭自己的爱好，夹克衫、运动衫、牛仔服随处可见，甚至穿着泳装也可以出门。但在正式场合，美国人的衣着又非常严谨。男士都穿较深颜色的西装，打领带，给人一种沉稳可靠的印象；女士穿套裙，颜色多为深蓝色、灰色或大红色。

在饮食方面，美国人力求简便与快捷，通常都食用快餐、罐头或冷冻食品。代表性食物有热狗、汉堡包等。美国人的早餐一般是果汁、面包、火腿肠或香肠、咖啡或红茶；午餐一般是汉堡包或三明治、浓汤、生菜、咖啡、红茶或啤酒；晚餐一般是浓汤、蔬菜、肉、水果、咖啡或红茶。美国人不爱吃肥肉，不吃清蒸和红烧的食品，忌食各种动物的内脏及奇形怪状的食品，如鸡爪、猪蹄、海参等；一般不饮烈性酒，即便要饮，也通常将冰块加进烈性酒中再喝。美国人用餐的戒条主要有：不允许进餐时发出声响；不允许替别人取菜；不允许吸烟；不允许向别人劝酒；不允许当众宽衣解带；不允许议论令人作呕之事；入口之物不宜再吐出来。

（四）禁忌

美国人忌"3""13""666"和星期五；忌谈个人私事，如年龄、婚姻、收入、宗教信仰；忌蝙蝠和蝙蝠图案的商品、包装品；忌说"老"，老年人不喜欢恭维其年龄；忌黑色，偏爱白色和黄色，喜欢蓝色和红色。

（五）主要节日

美国人的重要节日有元旦（1月1日）、华盛顿生日（2月22日）、复活节（3月21日月圆后第一个星期日）、国庆日（又名独立日，7月4日）、劳动节（9月第一个星期一）、感恩节（11月第四个星期四）、圣诞节（12月25日）。此外，还有一些没有公共假期的全国性节日，如情人节（2月14日）、愚人节（4月1日）、母亲节（5月第二个星期日）、父亲节（6月第三个星期日）等。

六、加拿大（Canada）

（一）简况

加拿大（Canada），印第安语意为"棚屋"。国徽格言是：从大海到大海，意在表明加拿大地理上的幅员辽阔。加拿大是一个移民国家，居民主要有英、法、意、德等欧洲人后裔及土著居民（印第安人、因纽特人、米提人）。他们多信奉天主教、基督教新教。官方语言为英语和法语并用，实行的是"双语制"。首都渥太华。其货币称加拿大元（Canadian Dollar），简写为 Can＄。国花是枫叶，国树是枫树。主要名胜有艾伯塔省恐龙公园、班夫国家公园、纳汉尼国家公园和尼亚加拉瀑布等。

加拿大有"枫树之国""万湖之国""真诚的北疆""冰球之乡""移民之国"等美称。

（二）交往礼节

加拿大人既讲究礼貌，又喜欢无拘无束，性格比较开朗，自由观念较强，友善和气，好客。人们见面时行握手礼，熟人、亲友和情人之间也亲吻和拥抱。在称呼方面与欧美国家相同，熟人之间问候时只喊一声"Hello"。

加拿大人不像美国人那样随便，大部分招待会在饭店或俱乐部举行，应邀做客要准时赴约。如果应邀去加拿大人家中做客，可以事先送去或自带一束鲜花给女主人。白色的百合花在加拿大只用于葬礼，因此，千万不可送人。加拿大人很喜欢红色与白色，因为那是加拿大国旗的颜色，并且被正式定为国色。在加拿大，宴请客人时，通常由女主人安排座位，入座后，男主人常常要做简短的祈祷。

（三）衣食礼俗

在加拿大从事商务活动，宜穿保守式西装。加拿大人饮食习惯与英、法、美相似，其独特之处是特别爱吃烤制食品，口味清淡，不爱吃辣的东西，喜食牛肉、鱼、蛋、各种野味和蔬菜；忌食虾酱、鱼露、腐乳和臭豆腐等有怪味、腥味的食物和动物内脏及脚爪。日常饮食一日三餐，早、午餐较简单，晚餐较丰盛，传统菜肴为法国菜。加拿大人喜欢饮酒，尤以白兰地、香槟酒为最爱，对饮料中的咖啡和红茶也很感兴趣。

（四）禁忌

加拿大人多为欧洲移民后裔，禁忌与欧洲人有很多相同之处。忌谈论个人私事；忌"13"和星期五；忌说"老"字，年纪大的人被称为"高龄公民"，连养老院也被称为"保育院"。与加拿大人交谈时，他们喜欢谈论本国的长处，不喜欢外来的人把他们的国家和美国进行比较。

（五）主要节日

主要节日有元旦（1月1日）、情人节（2月14日）、枫糖节（3月）、冬季狂欢节（2月第一个周末起，为期10天）、愚人节（4月1日）、复活节（4月15日）、国庆日（又名加拿大日，7月1日）、劳动节（9月3日）、感恩节（10月的第二个星期一）、圣诞节（12月25日）等。

第四节　亚太地区主要国家礼仪

一、日本（Japan）

（一）简况

日本是日本国（Japan）的简称，意为"日出之国""太阳升起的地方"。日本古称"和""大和"，民族主要为大和族。居民多信奉佛教、神道教。日本国语为日语。首都东京。其货币称日元（Japanese Yen），简写为JPY ￥。国花是樱花，国鸟是绿雉，国石是水晶。主要游览胜地有东京、富士山、迪士尼乐园等。

日本有"樱花之国""造船王国""贸易之国""地震国"之称。

（二）交往礼节

日本人性格内向，感情不外露，爱面子，自尊心强，重视人际关系，讲信用，重礼节。

日本人见面时互相行鞠躬礼，并致"您好""请多关照"的谦辞。第二次世界大战后，握手礼逐渐成为日本常用的礼节，但通常与对方握手后还要行鞠躬礼，特别是道别时。

人们初次见面时，要交换名片。日本人的姓名排列顺序和我国相同，即姓在前，名在后，一般称呼时只称姓，在正式场合称全名。对男子可在姓后面加"君"，只有对教师、医生、年长者、上级和有特殊才能的人才称"先生"，对德高望重的女子也称"先生"。对其他人均以"桑"（"桑"在日语中兼含"先生""老×""小×"等意）相称。另外，还可称其职务或用其职务加上"先生"相称。"您"这个称呼只用于夫妻之间，或被长辈用来称呼小辈。

除非受到日本人的邀请，否则不要登门拜访。到日本人家中做客，要事先约定时间并按时赴约。按惯例要带上礼品，日本人送礼时不送双数，而喜欢送单数礼物，可送3、5、7件；日本人不喜欢在礼品包装上系蝴蝶结，用红色的彩带包扎礼品象征身体健康；不要给日本人送有动物形象的礼品；梳子在日本不宜作礼品（在日文中梳子的发音与"苦死"相同，意为极其辛苦）。客人进门前应先按门铃并通报姓名，进门后主动脱下外衣、帽子，换上拖鞋；就座时，应坐在背对着门的位置上，只有在主人的劝说下，才可移向尊贵的位置——摆着各种工艺品的壁龛前的位置；不可参观主人的卧室，男士不可进入厨房，上卫生间必须征得主人同意。交谈时，令人愉快的话题是你对日本和日本文化、垒球、高尔夫球、食品和旅行的印象。在闲谈时，应看着对方的脖子，盯着对方被人认为是不礼貌的。

（三）衣食礼俗

在日本从事商务活动宜穿保守式西装，参加娱乐活动时可着便装。

日本民族服装为和服，亦称"着物"。日本人在举行婚礼、庆祝重要节日、出席茶道等活动时常穿和服，以示庄重。

日本人的饮食分为三种：和食（日本饭菜）、洋食（西餐）、中华料理（中餐）。早餐多为牛奶、面包、稀饭等；午餐、晚餐的主食多为米饭。他们喜欢吃瘦猪肉、牛肉、生鱼片、生鸡蛋、笋、豆腐、酱汤、泡菜和各种时鲜蔬菜。日本人酷爱喝酒，即使喝得大醉，也不为失礼。在饮酒时，不要自斟自饮；斟酒时，应右手拿酒壶，左手从下面托着壶底，但千万不能碰着酒杯。客人也要右手拿着酒杯，左手托杯底接受对方斟酒。

日本人十分重视茶道。茶道会多为款待尊贵客人而举行，正式的茶道会要在专用茶室中举行。茶室中间放着用以烧水的陶制炭炉和茶壶，炉前陈列着各种十分精致的茶具。由于茶道的仪式十分烦琐，所以精于茶道便被认为是对一个人的身份、修养的肯定。一般茶道中，饮茶方式有两种：一种是每位客人各饮一碗；另一种是一碗茶每人只饮一口，由全体客人轮流饮用。

（四）禁忌

日本人忌数字"4"（在日语中与"死"谐音）、"9"（与"苦"发音相似）和"6"，敬重"7"这一数字；忌黑白相间色、绿色、深灰色、紫色，喜爱红、白、蓝、橙、黄色；忌送菊花（十六瓣菊花是日本皇室专用花）、荷花（祭奠死者用）、仙客来、山茶花等；忌三人合影（中间人有受制于人的兆头）；忌獾和狐狸（这两种动物都象征狡猾）；忌头朝北睡觉（在日本，人死后停尸时，死者头朝北）；忌倒贴邮票（暗示断交）；忌妇女盘腿而坐；忌舔筷、迷筷、移筷、扭筷、掏筷、插筷、跨筷、剔筷。

（五）主要节日

主要节日有元旦（1月1日）、成人节（1月的第二个星期一，年满18岁男女取得成人地位）、建国纪念日（纪元节，日本纪元的开始，2月11日）、春分节（3月21日，天皇、百姓祭祖）、樱花节（3月15日至4月15日）、宪法纪念日（5月3日）、儿童节（5月

5日）、中元节（7月15日）、敬老节（9月15日）、秋分节（9月23日，天皇秋季祭祖）、体育节（10月的第二个星期一）、文化节（11月3日）、劳动感谢日（11月23日）、国庆日（天皇诞辰日，12月23日）等。

二、新加坡（Singapore）

（一）简况

新加坡是新加坡共和国（The Republic of Singapore）的简称。居民中主要有华人、马来人、印度人等。华人和斯里兰卡人多信奉佛教，马来人和巴基斯坦人多信奉伊斯兰教，印度人信奉印度教。国语为马来语。马来语、英语、华语和泰米尔语为官方语言，行政用语为英语。新加坡不设首都，行政中枢新加坡市。新加坡一词来自梵文，"新加"在梵文中为狮子之意，"坡"在梵文中为城之意，故新加坡市又叫狮城。古称淡马锡，意为"湖泊、海城"。国徽格言是：前进吧，新加坡。其货币称新加坡元（Singapore Dollar），简写为S＄。国花是兰花（卓锦·万代兰）。主要名胜有圣淘沙岛、植物园、夜间动物园等。

新加坡有"花园之国""公园国家"等美称。

（二）交往礼节

新加坡是一个文明的国家，讲究礼貌已成为新加坡人的行为准则。

因受英国的影响，新加坡人通常的见面礼是握手，但新加坡人仍保留着各民族的传统习惯。如华裔老年人还有相互作揖的习惯，印度血统的新加坡人仍见面行合十礼等。称呼上，不论什么民族的人，都可以"先生""小姐""太太"相称。商务交往中名片交换必不可少，但政府规定，官员不使用名片。谈话时，可以谈旅行见闻以及新加坡的经济成就等，避免谈论政治和宗教。

到新加坡人家中做客，宜带上鲜花或巧克力等礼物。在你进入主人家的屋内之前，要注意看看他们的家人是否在屋内也穿着鞋，如果他们没有穿，你也得把鞋脱掉。应邀赴约要准时，如果不能准时到达，必须预先通知对方，以示尊重。

（三）衣食礼俗

在新加坡，参加社交活动和商务活动，男士一般着白衬衣、打领带、穿长裤、皮鞋，会见政府官员时，宜穿西装。

新加坡华人饮食习惯与我国基本相同，菜肴以闽粤风味为主，主食为米饭、包子等，副食有鱼、虾、肉等。

有印度血统者忌食牛肉，忌用左手进食；穆斯林忌食猪肉。

（四）禁忌

新加坡人忌讳数字"4""7""13""37"和"69"；到清真寺参观，忌穿鞋进入；讨厌男子留长发和胡子，在一些公共场所，常见到"长发男子不受欢迎"的告示牌；视黑色、紫色为不吉利的颜色，喜欢红色；禁说"恭喜发财"（他们认为"发财"两字有"横财"之意，而"横财"就是不义之财）；禁止使用宗教词句和象征性标志；忌讳乌龟（认为这是不祥的动物，给人以色情和污辱的印象），喜欢红双喜、大象、蝙蝠图案；忌大年初一扫地（认为这一天扫地会把好运气扫走）；忌讳有人口吐脏言；虔诚的佛教徒及印度教徒、伊斯兰教徒恪守他们的宗教禁忌。

（五）主要节日

主要节日有元旦（1月1日）、劳动节（5月1日）、卫塞节（5月10日）、开斋节（5月）、国庆节（8月9日）、灯节（又称屠妖节，10～11月）、圣诞节（12月25日）等。

三、泰国（Thailand）

（一）简况

泰国是泰王国（The Kingdom of Thailand）的简称，原名暹罗（Siam），1949年改名泰国。泰语意为"自由之国"。泰国有傣族、老挝族、马来族、高棉族等30多个民族。居民中大多信奉佛教，佛教为国教。国语为泰语，英语为通用语，各族有自己的民族语言。首都曼谷，具有"天使之城"的含义，其泰文全称译成拉丁文共有142个字母，是世界首都中名称最长者，素有"东方威尼斯""东方门户"之称。其货币称泰铢（Thai Baht），简写为B。国花是睡莲，国树是桂树，国兽是白象。主要游览胜地有曼谷、普吉、清迈、帕塔亚、清莱等。

泰国有"黄袍佛国""千佛之国""白象之国""微笑之国"等美称。

（二）交往礼节

泰国人注重人际关系，讲礼貌，处事小心谨慎，不喜冒险。除了非常西化的场合外，泰国人与人见面或告别时一般不握手，而是行合十礼。在泰国，若对方先向你行合十礼，你也应还以合十礼，唯独和尚不受约束，可不必向任何人还合十礼，与人见面只点头微笑致意。泰国人将名放在姓之后，称呼时，无论男女，一般只叫名字不叫姓，并在名字前面加"坤"（Khan），意为您。如果不知道对方的名字，可以简单地用"坤"称呼他们。常用的问候语是"你到哪里"，这是一种习惯，并不要求作答，而"上街去"，则是一个有礼貌的回答。谈话的话题最好为泰国的食品、气候和对该国的一些良好印象，应避免的话题是政治、王室和宗教。像"你收入多少"或者"你多大年龄"这样的个人问题，只是表示友好的关心，这在泰国并非不礼貌。

到泰国人家中做客，进屋时要先脱鞋，千万不要踩踏门槛儿（认为门槛儿下住着神灵）；可以送给主人水果、糕点、鲜花（不要送康乃馨或万寿菊）；传递礼品或其他物品时用右手，不要用左手吃东西或拿东西给别人。如果你喜爱某些装饰品，不要对主人过分地赞美它们，否则，主人可能会因不把它们送给你而感到过意不去。

到泰国寺庙烧香拜佛或参观，必须衣冠整洁，进入寺庙时要摘帽脱鞋，以表示对神佛的尊重，严禁穿背心、短裤进入，否则会被视为玷污圣堂。

泰国人非常重视头部而轻视两脚。他们认为头是智慧所在，是神圣不可侵犯的，若被他人触摸是奇耻大辱，同时也切记勿触摸别人的头，即使是小孩也不行。如果是长辈在座，晚辈必须坐在地下或者蹲跪着，以免高于长辈的头部，否则就是对长辈不尊敬。泰国人忌他人拿着东西从自己头上通过。如用脚给人指示东西，用脚踢门，坐着时鞋底朝向他人等，都是不能容忍的。泰国人喜爱红、黄色，并习惯用颜色表示不同日期。

（三）衣食礼俗

泰国男子通常打扮是穿长裤、衬衫，尤其是花衬衫很受欢迎，只有参加宴会时才穿深色套装；女子喜穿裙子和宽大的短外套。在服装颜色方面，紫色为寡妇在哀悼时所穿；黑色表示悲痛，只在参加丧礼时穿。泰国男女青年都喜欢佩戴项链、戒指等首饰。

饮食方面，泰国人的主食是大米。早餐多为西餐，午餐、晚餐为中餐。他们喜欢吃鱼、虾、羊肉、鸡、辣椒等，也喜欢用味精和鱼露调味，而最爱吃的是具有民族风味的"咖喱饭"（用大米、鱼肉、香料、椰酱及蔬菜等烹制而成），不爱吃红烧菜肴，忌食牛肉。泰国人进餐用叉子和勺（右手拿勺，左手拿叉），不习惯用筷子，有的人乐于以手抓饭取食。泰国人喜欢喝啤酒，不喝热茶，并习惯在喝的茶里放块冰，喝饮料时也同样配上冰块。

（四）禁忌

泰国人忌对僧侣态度不恭；睡觉时，忌头朝西（因为西方是日落之处，只有停尸时才头朝西）；忌用红笔签名（因为泰国人用红笔在棺材上写死人的名字）；禁用手抚摸寺庙中的佛像；忌家庭种植茉莉花（在泰语中，"茉莉"与"伤心"谐音）。

（五）主要节日

主要节日有元旦（1月1日）、宋干节（佛历新年，4月13日至15日）、劳动节（5月1日）、加冕典礼节（5月5日）、春耕节（5月9日）、国庆日（12月5日）、宪法节（12月10日）、水灯节（泰历12月15日）等。

四、马来西亚（Malaysia）

（一）简况

马来西亚（Malaysia）的"马来"二字在马来语中意为"黄金"。马来半岛有"黄金半岛"之称。国徽格言是：团结就是力量。居民中大多数为马来族人和华人，印度人、巴基斯坦人占很少部分。伊斯兰教为国教（华人多信奉佛教）。国语为马来语，通用语言为英语、华语、泰米尔语。首都吉隆坡。其货币称林吉特（Ringgit），简称马元，简写为 M＄。国花是扶桑花。主要游览胜地有吉隆坡、云顶、槟城、马六甲等。

马来西亚素有"热带旅游乐园""锡和橡胶王国"之美称。

（二）交往礼节

马来西亚人平易近人，愉快乐观，无忧无虑。他们喜欢开玩笑，认为"笑口常开"是一种社交礼貌。

马来人在相互见面时，要按不同的年龄、性别等行不同的握手礼。同辈之间相遇时，行握手礼后还要把右手收回到自己的胸前轻轻拍一下；晚辈见长辈时要双手紧握长辈的手，收回双手后还要在胸前做抱状，同时身体朝前弯下，如同鞠躬；妇女与男人行见面礼时，要先用手巾将自己的手掌盖住，再同男人的手接触，然后收回胸前双手做抱状，同时弯身鞠躬。此外，马来人还有一种奇特的施礼方式：双方见面时，要先互相朝前稍微靠拢，然后相互伸出手掌交叉触摸，再用手在脸部由上而下轻轻一抹，最后向胸前一点，彼此互相说"愿真主保佑你"！在与外国人或非伊斯兰教徒见面时，马来人一般行西方国家的握手礼。称呼方面，华人、印度人可称"×先生""×小姐""×太太"等；穆斯林则在男子名前加"恩锡克"，在女子名前加"锡克"。马来人有名无姓，通常是起个名字，后面再加上父名，男的中间加

"宾"字，女的中间加"宾蒂"两字。

在马来西亚，最好的话题是谈论对方的商务活动或社会成就、足球比赛、马来西亚的文明史和各地区的烹饪方法等，不喜欢人们把他们的生活与新加坡人相比较。最好不要谈论宗教和种族问题。

马来西亚人爱宴请，通常在饭店举行。马来西亚人的时间观念较强，会见最好事先联系，准时赴约。应邀去马来西亚人家里做客，进入主人家里前，要先脱鞋，并摘掉太阳镜。宾客在主人家不吃不喝，是对主人的不敬，并会引起主人的反感。如果你在主人家见到《古兰经》，绝不能摸它，还要注意不能踩在或坐在祈祷用的小地毯上。任何人都不可触摸马来人的头和背部，因为那会被看成是对他人的严重侵犯和给他人带来厄运。在马来西亚，左手被认为是不洁之手，吃饭也好，递东西也好，绝对不能用左手。

（三）衣食礼俗

马来西亚居民最具代表性的衣着是"巴迪"——一种蜡染花布做成的长袖上衣，即使在正式场合也可以穿着。马来人还有一种传统服装：男子上身穿无领长袖外衣，下身围一大块布，叫"纱笼"；女子穿"克巴亚"，即无领长袖连衣长裙。在公共场所，马来人不论男女，衣着都不得露出胳膊和腿。

马来人的主食以大米、糯米糕、椰浆、咖喱为主，喜欢吃牛肉、羊肉、鸡、鸭、鱼及蔬菜，还有带辣味的菜肴。风味食品以"沙爹"（即烤鸡、烤羊肉）最为有名，是各种宴会不可缺少的佳肴。马来人习惯用手抓饭进食，进餐时，桌子上有两杯水，一杯供饮用，一杯用于清洗手指。如果给你一只勺子和一把叉子，则用右手拿勺子，左手握叉子，先用叉子把食物拨到勺子内，然后再食用。马来人禁酒，通常以热茶或白开水招待客人。

（四）禁忌

马来人忌数字"0""4""13"等；忌穿黄色服装（认为黄色象征死亡）；忌猪、狗等动物，也忌乌龟，但却喜欢猫。

（五）主要节日

主要节日有年节（1月1日）、联邦国土节（2月1日）、劳动节（5月1日）、感恩节（6月30日）、国王生日（6月6日）、宰牲节（7月14日）、国庆日（又名独立日，8月31日）、圣诞节（12月25日）等。

五、菲律宾（Philippines）

（一）简况

菲律宾是菲律宾共和国（Republic of the Philippines）的简称。居民主要由马来人、印尼人、华人、印度人、阿拉伯人、西班牙人等组成。华人多信奉佛教，其他居民多信奉天主教。菲律宾有"亚洲唯一天主教之国"之称。国语为菲律宾语（他加禄语），通用英语。首都马尼拉。其货币称菲律宾比索（Philippines Peso），简写为 Peso。国花是茉莉花，国树是纳拉树，国果是芒果，国石是珍珠。主要旅游胜地有马荣火山、百胜滩、蓝色港湾、碧瑶市等。

菲律宾有"太平洋的果盘""世界椰王""花园之岛""东方之珠"等美称。

（二）交往礼节

在菲律宾，美国的生活方式得到仿效。菲律宾人和蔼可亲，愉快乐观，善于交际，作风大方，但时间观念不强。

菲律宾人，不分男女，见面都握手，男人之间有时也拍对方的肩膀，表示问候。称呼上与西方人相同，但晚辈见长辈时，可称呼长辈为"博"（意为大爷）。

应邀到菲律宾人家中做客，至少要得到三次邀请，才可上门，否则就不要接受邀请。在一些人家，习惯于进屋前脱鞋，作为客人，要学着主人的样子做。如果要送礼，比如花，要在一到达时就送。参加宴请，应迟到15～30分钟，否则会被视为不礼貌；席间要尽量放松，若过于严肃，反而会使主人担心。饮酒过量被认为贪婪。礼物不能当面打开。菲律宾人家庭观念强，喜欢别人谈论他们的家庭。

（三）衣食礼俗

菲律宾人在大多数场合都衣着整洁。商务活动中，男子穿白色或花色衬衫，配以长裤；女子穿西装或衬衣、裙子、长袜。外宾在拜访政府官员或商界人士时，宜穿保守式西装。

在菲律宾，稍为正式一点的宴请，请柬上都会注明"必须穿无尾礼服等正装"。假如没有无尾礼服，则可穿当地的正装——香蕉纤维织成的"巴隆塔卡乐"裤和衬衫。

菲律宾人的饮食风味受西班牙影响较大，烹调时爱用香辣调料。主食以大米、玉米为主，米饭放在竹筒里煮，用手抓饭进食；副食有肉类、海鲜、蔬菜等。代表性的名菜有咖喱鸡肉、虾子煮汤、肉类炖蒜等。不论男女都爱喝啤酒。待客时，总少不了用槟榔来招待。

（四）禁忌

菲律宾人忌讳数字"13"和星期五；菲律宾规定，选举期间禁止喝酒，商店也禁止售酒；忌用左手递物、进餐；交谈时，忌谈论第二次世界大战，以及该国政治纷争、宗教、腐败现象和外国援助等话题；忌用手摸头部和背部；忌长时间用眼光与人对视，这种对视会被认为是向对方挑衅而往往导致暴力行为；召唤人时，伸出胳膊，手掌朝下，手指上下摆动，不可弯曲一个手指召唤人；站着双臂交叉在胸前，表示生气；不可窥视主人的卧室、厨房，去卫生间应征得主人同意。

（五）主要节日

主要节日有元旦（1月1日）、自由日（2月25日）、濯足节（3月23日）、耶稣受难日（3月24日）、国际劳动节（5月1日）、血盟节（5月18日）、国庆日（又名独立日，6月12日）、民族英雄日（8月27日）、感恩节（9月21日）、万圣节（11月1日）、圣诞节（12月25日）、黎萨尔纪念日（12月30日）等。

血盟节。每年从5月18日开始，菲律宾东明都洛省卡拉潘市都要举行一周盛大的血盟节庆祝活动，这是纪念菲中人民友好交往的节日。古代的中国和菲律宾都有"歃血为盟"的习俗。这一庆祝活动连续举行一周，最后一天，当地的政府官员和群众都参加化装游行，并举行别开生面的血盟节仪式，把活动推向高潮。

六、印度尼西亚（Indonesia）

（一）简况

印度尼西亚是印度尼西亚共和国（The Republic of Indonesia）的简称。其名称是由印度（梵文为"海"）和尼西亚（在希腊语中为"岛屿"）组成。印度尼西亚是世界最大的群岛国家。国徽格言是：殊途同归。印度尼西亚有100多个民族，主要有爪哇族、巽他族、马都拉族等。居民大多信奉伊斯兰教，是世界上最大的伊斯兰教国家。官方语言为印度尼西亚语，通用英语。首都雅加达。雅加达曾名"巽他加拉巴"，意为"椰子密林的世界"，所以又称为"椰城"。货币名称为印度尼西亚卢比（Indonesia Rupiah），通称盾，简写为Rp。国花是茉莉花。主要游览胜地有巴厘岛、婆罗浮屠佛塔、缩影公园、日惹苏丹王宫、多巴湖等。

印度尼西亚有"金鸡纳霜大本营""千岛之国""火山之国""南

洋翡翠"等美称。

(二) 交往礼节

印度尼西亚人重深交，讲旧情，热情好客，讲礼貌，爱笑。他们把笑看成是一种交际语言。

印度尼西亚人在社交场合与客人见面时，一般惯以握手为礼。常用的还有拥抱、贴脸、拍打对方的肩膀等。与熟人、朋友相遇时，传统礼节是用右手按住胸口互相问好，也可以点点头。对男士一般称先生，女士称夫人。在普通场合，男人之间打招呼可称兄弟。商务交往一定要互送名片，否则会遭受冷落。

印度尼西亚人不喜欢别人问他的名字。名字的长短往往能表明一个人的地位和富裕程度，有钱人的名字往往很长。多数中层人士有两个名字，下层人士只有一个名字。印度尼西亚人"明天"一词，并不表示第二天，而是将来某一天的意思。

印度尼西亚人有进寺（清真寺）脱鞋之俗，现在他们一般的家庭居室都有地毯，所以有脱鞋入屋的习惯。印度尼西亚人喜欢客人到他们家中做客，而且在一天中任何时间去，都是受欢迎的。应邀做客时，可以给主人带去一束鲜花，不一定非要送礼，但最好说几句感谢的话，或写个便条表示谢意。

印度尼西亚人有崇拜蛇和敬蛇的习俗，视蛇为"德行""善长""智慧"与"本领"的象征，有些地方还设有蛇舍，内设香案，供人祭祀。印度尼西亚是一个多民族国家，其风俗习惯千差万别。如米囊加堡人的婚姻习俗是女娶男嫁；克诺伊族人把房子建在树上；巴厘女子爱赤膊露背，以示圣洁；客人到沙羡族住地时，要大喊大叫，否则会被认为来意不善；爪哇人具有神秘的信仰，忌谈诞辰。

(三) 衣食礼俗

在印度尼西亚，一般场合穿衬衫、打领带、穿长裤，而拜访政府官员则要穿西装，并事先预约，准时赴约。

在饮食上，印度尼西亚人以大米为主食，以鱼类、蔬菜、肉类等为主要副食，不吃猪肉，不喜欢烈性酒，常用饮料有红茶、葡萄酒、香槟酒等。除在官方场合有时使用刀、叉、匙或筷子外，人们一般都习惯用右手抓取食物享用。在拜访印度尼西亚人时，如遇到主人正在吃饭，他们会邀请你共同进餐，这时你不可推辞，否则会被认为是不懂礼貌。

（四）禁忌

印度尼西亚人忌用左手传递东西或食物；忌摸小孩的头；忌讳乌龟和老鼠；忌谈论政治类、国外援助等话题。

（五）主要节日

印度尼西亚除宗教节日外，主要的节日有国庆日（8月17日）、建军节（10月5日）、英雄节（又称青年节、烈士节，11月10日）等。

七、韩国（Republic of Korea）

（一）简况

韩国是大韩民国（Republic of Korea）的简称。全部都是单一的韩族人。韩族人，其实就是朝鲜族人。居民多信仰佛教，也有信奉基督教、儒教的。官方语言是韩语，即朝鲜语。首都首尔，因宫殿众多，故被称为"皇宫之城"。其货币称圆（Won），简写为 W。国花是木槿花，国鸟是喜鹊，国兽是虎，国树是松树。主要游览胜地有景福宫、德寿宫、昌庆宫、昌德宫、民俗博物馆、南山塔等。

韩国有"白袍之国"之称。

（二）交往礼节

韩国人注重礼节，讲究尊卑。

韩国人见面时通常打招呼，互相鞠躬并握手。在韩国家庭中，还保留着小孩向尊贵的客人行跪拜礼的习俗。韩国的女士很少与人握手，除非别人先伸出手来；晚辈与长辈握手时，常以左手置于对方右手之上，表示尊敬；对长辈、上级和初次见面的客人要用敬语问候。社交中，人们乐于交换名片。韩国有一半以上居民姓金、李、朴，称呼时，最好以头衔相称。

到韩国人家中做客，进门后都要脱鞋。上门做客，宜带上鲜花或其他小礼物，进门后双手递给主人，主人不当着客人的面打开礼物。韩国家庭中的餐桌为矮腿方桌，宾主盘腿席地而坐，不可双腿伸直或叉开，否则会被视为无教养。与长辈同坐时，韩国人总是保持一定的姿势，不敢掉以轻心。欲抽烟时，一定要得到长辈的允许。

（三）衣食礼俗

在韩国从事商务活动，宜穿西服。韩国本民族的服装，男士为高雅的长袍，女士则为轻盈的阔裙。服装颜色以白色为主。

韩国人饮食口味偏清淡，不喜油腻，但特别喜欢吃辣味菜肴。辣泡菜是韩国传统菜肴；汤饺子是传统的接待客人的食品之一。韩国人

不爱吃羊肉、肥猪肉、鸭子，爱喝啤酒。用餐时，如有长辈同桌，晚辈不可先动筷子，小孩子吃饭时不可以比父母快。宴请客人，一般在饭馆或酒吧进行。

（四）禁忌

韩国人忌数字"4"（在韩语中发音、拼音与"死"完全一样），喜欢单数，不喜欢双数。绝不能将"李"这个姓氏称为"十八子"，因在韩语中"十八子"与一个淫荡词相近，听起来令人反感。在对其国家或民族进行称呼时，不要将其称为"南朝鲜""南韩"或"朝鲜人"，而宜分别称"韩国"或"韩国人"。逢年过节，忌讳说不吉利的话，更不能生气、吵架；正月头三天不能杀生，不能扫地倒垃圾；寒食节忌生火；生肖相克者忌婚配。忌谈的话题有：政治腐败、经济危机、南北分裂、韩美关系、韩日关系及日本之长等。

（五）主要节日

主要节日有元旦（1月1日）、民俗节（阴历正月初一）、独立纪念日（3月1日）、植树节（4月5日）、儿童节（5月5日）、光复日（8月15日）、中秋节（阴历八月十五）、国庆日（10月3日）、圣诞节（12月25日）等。

八、澳大利亚（Australia）

（一）简况

澳大利亚是澳大利亚联邦（The Commonwealth of Australia）的简称。拉丁文语意为"南方的大陆"。居民主要是英国及其他欧洲国家移民的后裔、土著人及华人。居民大多信奉基督教新教或天主教。官方语言为英语。首都堪培拉，有"花园都城"之誉。其货币称澳大利亚元（Australian Dollar），简写为 $A 或 A $。国花是金合欢花，国鸟是琴鸟，国树是桉树，国石是蛋白石。主要游览胜地有悉尼、墨尔本、布里斯班、阿德莱德、珀斯、大堡礁、黄金海岸和达尔文等。

澳大利亚有"骑在羊背上的国家""牧羊之国""坐在矿车上的国家""岛大陆""南方大陆""古老土地上的年轻国家""淘金圣地"等别称。

（二）交往礼节

澳大利亚人性格开朗、坦率，强调友善与公平，重视人道主义精神，追求享乐。

澳大利亚流行西方礼仪。人们见面或告别时，总喜欢热情握手，彼此以名相称；喜欢与陌生人交谈，而且很快能交上朋友。澳大利亚人时间观念强，赴约准时；重视办事效率，不喜空谈；商谈中尽量避免把时间花在讨价还价上。

到澳大利亚人家中做客，可以给主人送葡萄酒或鲜花。澳大利亚的商务活动大多在小酒店进行。自古至今，澳大利亚人一直严守周日做礼拜的习惯，每周日上午，人们一定要去教堂，这一习惯绝对不可改变。因此，交往中要避免在周日邀请他们参加别的活动。

（三）衣食礼俗

澳大利亚人没有传统服装，平时穿着比较随便，只是在参加正式会见或商务活动时才穿西装，比较讲究。

澳大利亚人饮食习惯主要吃英式西餐，口味清淡，忌食辣味菜肴；就餐时，调味品放在桌上，客人根据自己的爱好选用。澳大利亚人对动物蛋白的需求量很大，他们爱喝牛奶，喜食牛、羊肉，鸡、鸭、蛋、乳制品及新鲜蔬菜，不吃狗肉、猫肉、蛇肉，不吃动物的内脏与头、爪。澳大利亚人喜喝啤酒、葡萄酒和咖啡，爱吃水果。

（四）禁忌

澳大利亚人忌数字"13"与星期五；忌讳兔子（认为兔子是一种不吉利的动物，看到它会倒霉）；忌讳自谦的客套语言（认为这是虚伪和无能或看不起人的表现）。

（五）主要节日

主要节日有元旦（1月1日）、国庆日（1月26日）、圣诞节（12月25日）等。

澳大利亚的圣诞节，独具特色。因为澳大利亚位于南半球，当欧美国家在凛冽的寒风中欢度圣诞节的时候，这里却是在阳光灼人的仲夏迎接圣诞老人。所以，在澳大利亚过圣诞节，到处可以看到光着上身、汗水涔涔的小伙子和穿着超短裙的姑娘，与在商店橱窗里精心布置的冬日雪景、挂满雪花的圣诞树及穿大红袄的圣诞老人形成鲜明的对比，构成了世界上独一无二的圣诞节日景象。圣诞弄潮也是澳大利亚圣诞节的一大活动，因此，孩子们最希望得到的圣诞礼物是一副小水划。节日的晚上，人们到森林里举行"巴别居"野餐，在露天灶中煮一锅由香肠、牛肉、鲜鱼等食品做成的杂烩，人们在品味美味佳肴和欢乐的迪斯科或"袋鼠舞"中迎接新年的到来。

世界上有200多个国家和地区，他们都有自己的文化特点、民族传统和风俗习惯，要想一一了解所有国家和地区、所有民族的礼俗，

是十分困难的。因此，在学习了解各国和地区民族习俗礼仪时，要注意根据以下几个特点去加以概括总结，做到举一反三，触类旁通：

（1）习俗礼仪受宗教信仰的影响。不同国家和地区、不同民族，如果宗教信仰相同，习俗礼仪就会有许多相近或相似之处。

（2）习俗礼仪与民族和种族有关。习俗礼仪固然和国家有关，但与民族、种族的关系更为密切。生活在不同国家和地区的人，只要是同一民族或同一种族，其习俗礼仪亦往往相同。

（3）习俗礼仪受语言的影响。语言是传播习俗礼仪的工具，使用同一语种或语言的人，习俗礼仪往往类似或相同。

（4）习俗礼仪有同化现象。在不同民族的混合居住区，人们在习俗礼仪方面也互相效仿。在现代，随着科学文化的发展和各国、各民族相互交往的增多，一些先进的、文明的习俗礼仪，被越来越多的人所接受，因此，也加快了习俗礼仪的同化现象。

[思考题]

1. 礼宾次序的排列方法有哪些？

2. 迎送国宾的仪式包括哪些内容？

3. 美国人的生活习惯和礼节礼仪与欧洲国家有哪些不同？

4. 英国、德国、法国在礼节礼仪、宗教信仰、饮食习惯和忌讳方面有哪些异同点？

5. 日本、新加坡、泰国、韩国在礼节礼仪、宗教信仰、饮食习惯和忌讳方面有哪些相似和不同？

6. 在学习了解各国民族习俗礼仪时，应根据哪些特点去加以概括总结，做到触类旁通？

第十章
宗教礼仪

第一节 宗教概述

一、什么是宗教

宗教（Religion）是一种社会现象和文化现象。辩证唯物主义认为，宗教是统治人们的自然力量和社会力量在人们头脑中的歪曲、虚幻的反映，是以对超自然的神灵的崇拜来支配人们命运的一种社会意识形态。信仰和崇拜偶像是一切宗教的共同特点。

宗教现象，来自原始人类在自然界力量的压迫下产生的对自然现象的神秘不安感，也来源于阶级社会的阶级压迫和剥削制度所造成的社会苦难。当人们在感到绝望和无法摆脱苦难时，便寄希望于神灵或偶像。可见，宗教是在人类历史发展到一定阶段才出现的一种社会现象，是社会生产力不发达和人类科学文化水平不高的产物，有它产生、发展和消亡的客观规律。

二、怎样对待宗教信仰

宗教是一个带有群众性、民族性、国际性和政治性的问题。因此，我们必须以正确的态度来对待宗教。

《中华人民共和国宪法》规定，"中华人民共和国公民有宗教信仰的自由"，"国家保护正常的宗教活动"。所谓宗教信仰自由，就是每个公民既有信仰宗教的自由，又有不信仰宗教的自由；既有信仰这种宗教的自由，又有信仰那种宗教的自由；对同一种宗教，既有信仰这一派的自由，又有信仰那一派的自由；既有过去不信教而现在信教的自由，又有过去信教而现在不信教的自由。

一般而言，对待他人的宗教信仰，我们应采取的态度是：

（一）尊重宗教徒的宗教信仰

尊重他人的宗教信仰，需要我们平时对不同宗教的常识、礼节、禁忌等相关的内容有所了解。特别是宗教礼仪，它是宗教思想的表现形式，多数宗教徒的宗教观念实际上都是从具体、直观的宗教礼仪及各种宗教习俗中熏陶培养而成的。尊重宗教徒的宗教信仰，直接表现为对其宗教礼仪的尊重。

（二）不干涉正常的宗教活动

每一种宗教都有一套特定的礼仪。对于宗教徒在合法的宗教活动场所进行的正常的宗教活动，比如庆祝宗教传统节日，正常的诵经、布道、弥撒、封斋等，只要坚持宗教同政权、司法、教育分离的原则，均受法律保护，其他人不得干涉；对于不同民族和地区的风土人情，包括含宗教色彩的婚丧仪式和群众性节庆活动，不能强加干预。

（三）对外宾的宗教信仰不加非议

在对外交往中，最好不要直接打听或议论宗教信仰问题，更不要对外宾的宗教信仰妄加评点。

第二节　佛教礼仪

一、简况

佛教与基督教、伊斯兰教并称世界三大宗教。佛教起源于公元前6世纪至公元前5世纪的古印度，由古印度迦毗罗卫国（今尼泊尔境内）王子悉达多·乔答摩所创，后人称之为释迦牟尼。释迦是族姓，牟尼意为"圣人"。

佛教在印度本土经历了原始佛教、部派佛教、大乘佛教及密教等发展时期后，13世纪初在印度趋于消亡，以后又稍有复兴。在印度佛教中，最基本的宗派是小乘派和大乘派。2世纪，佛教向古印度境外传播，在许多国家形成各具民族特色的教派。传入中国、朝鲜半岛、日本和越南等国的以大乘佛教为主，称为北传佛教，其经典主要属汉语系统；传入斯里兰卡、缅甸、泰国、柬埔寨、老挝以及中国傣族地区的以小乘佛教为主，称为南传佛教，其经典属巴利语系统；传入中国西藏、蒙古、尼泊尔、俄罗斯部分地区的以藏传佛教为主，俗称喇嘛教，其经典属藏语系统。近代以来，在欧美各国也有佛教流传。成立于1950年的世界佛教徒联谊会在1963年9月开会决定，联谊会的总部永久设在泰国曼谷。

公元前2年，佛教传入中国。魏、晋、南北朝时佛教得到发展，至隋唐时期达到鼎盛，形成天台宗、法相宗、华严宗、禅宗和净土宗等中国佛教宗派。

《大藏经》为佛教典籍丛书。其内容分经、律、论三藏。三藏在南北朝时称"一切经"，隋代以后称"大藏经"。

佛教的最高境界是"涅槃"，其基本含义是"消除"或"像烛光一样熄灭"，即摆脱生活的束缚，从轮回中解脱出来，达到永恒寂静的安乐境界。

佛教的标记为"卍"。武则天将其定音为"万"，意为太阳光芒四射或燃烧的火，表示吉祥如意。法轮也被视为佛教的标记，因为佛之法轮如车轮辗转，可摧破众生烦恼。

佛教供奉的对象有佛（意为"大彻大悟者"）、菩萨、罗汉、护法天神等。

二、主要礼仪

（一）称谓

在佛教大寺院里，一般设有高低不等的僧职和严格的管理权限，顺序大致分为：第一是方丈（住持），他掌管全寺的一切重大活动，通例三年一任；第二是班首，相当于方丈的顾问，一般有前堂、后堂、左堂和右堂4个；第三是执事，具体掌管寺内事务，分为监院（庶务）、副司（会计）、知客（交际）、知藏（典藏）、僧值（纠察）、维那（教事）等。寺院里往往拥有大批的僧伽。

僧伽，是僧侣或修行者结合成的群体。僧伽一般由出家的比丘（和尚）、比丘女（尼姑）、沙弥、沙弥尼、正学女（见习尼）等所谓五众组成。其中的沙弥和沙弥尼，为年龄未满20周岁的出家男女，正学女则为年龄未满18岁的出家女。另外，在家修行的优婆塞（居士）和优婆夷（女居士）与出家修行的比丘和比丘女，并称为佛教四众，又称四众弟子。

在出家的僧尼中，凡是担任有职务的，都各有职称，但非佛教信徒很难分清僧尼职称系列的尊卑高低，可将僧尼通称为师父，或称僧

众为法师，称尼众为师太。如果经介绍了解了僧尼的身份后，可在他们的职称后面加一个"师"字，如维那师、僧值师、知客师等，以示尊敬。僧尼出家后不用俗姓，一律姓释。出家入道时，由其师父赐予法名；受戒时，由其受戒师赐予戒名。如果要询问法名以便称呼时，可问"法师上下如何？"或"法师法号如何？"就能得到回答。

（二）合十、五体、绕佛和袈裟

佛教徒之间或教徒与施主见面时，最常用的礼节是行合十礼。做法是：双手左右合掌，十指并拢置于胸前，专注一心，以此表示敬意。佛教徒不兴握手，所以，非佛教徒不要主动与僧人握手，更不可以与出家的尼众握手。

五体，又称五轮，指人的两肘、两膝和头。佛教徒向佛像或上层佛职人员行礼时，须行此礼，即五体都要着地。此为佛教最高的礼节，恭敬之至，五体投地。

绕佛，是佛教徒绕着佛像右行走，以表示对佛的尊敬，绕佛圈数，可多可少。

佛教徒穿的衣服统称袈裟，俗称僧服。僧服有三种：一是用5条布缝制而成的安陀会，又叫五衣，日常穿用；二是用7条布制成的郁多罗僧，又叫七衣，礼诵、听讲时穿用；三是用9～25条布制成的僧伽梨，重大场合穿用。袈裟原为素色，自佛教出现派系之后，各派的衣色区别有青色、黄色，也有保留赤色的。

（三）僧尼戒规

佛教的戒律很多，这些戒律是对佛教徒的行为乃至思想所做的种种约束，其目的是加强佛教信仰，统一僧伽行为。作为佛教徒，必须受三皈依，即皈依佛、皈依法、皈依僧。在众多的戒律中，最重要的要数"四重戒"，即不杀生、不偷盗、不邪淫、不妄语。佛教认为这些是所有戒律的根本。

佛教对僧伽要求绝对素食，而对居士只要求定时斋戒。佛教的斋戒，有两种含义：一指过了中午不再进食；二指食素。现今的斋戒多指后者。佛教徒须戒酒。

（四）入寺礼仪

进入寺庙，应严肃谨慎，衣饰整洁，遵守寺规；要注意卫生，保持安静，不要嬉笑打闹，不要对佛像指指点点；严禁将一切荤腥食品带入寺院。有人在拜佛像时，不可在其前面行走；佛像前的拜垫只供拜佛时跪用，不可坐歇；未经允许，不可随便进入僧人寮房和某些不对外开放的坛口；拍照前，应先注意寺院里有无特别规定和要求。

三、主要节日

佛教的主要节日有佛诞节、成道节、涅槃节、世界佛陀日、观音纪念日、盂兰盆节等。

（一）佛诞节

佛诞节又称浴佛节，是佛教纪念释迦牟尼诞生的重要节日。在我国傣族地区及东南亚一些国家称为泼水节，在日本又被称为花节。据《普耀经》说，佛陀诞生时有九龙喷香水浴洗佛身，因此，在每年这一天教徒们都要举行纪念活动，以各种名香浸水灌洗佛像，并举行诵经法会，也有称"浴佛法会"的。由于对佛陀的生日存在有各种不同见解，所以不同国家和地区在确定佛诞节的日期上，也就不尽相同。我国汉族地区和日本均以农历四月初八为佛诞节。

（二）成道节

成道节，在我国民间又称腊八节，是佛教纪念释迦牟尼在菩提树下得道成佛的日子。在农历十二月初八这天，寺院僧众都要集于大殿焚香、诵经、梵呗礼佛、讲道说法，其中熬粥供佛是其独有特点。时至今日，成道节熬腊八粥已成为我国重要的民俗。

（三）涅槃节

涅槃节是佛教徒纪念释迦牟尼逝世的节日。中国、日本、朝鲜等国的大乘佛教的涅槃节，一般定为农历二月十五。佛教寺院在这天一般都要举行涅槃法会，挂释迦牟尼的涅槃图像，念诵《遗教经》等。

（四）世界佛陀日

世界佛陀日即维莎迦节，是东南亚一些佛教国家把佛诞节、成道节、涅槃节合并起来的佛教节日。时间为公历5月的月圆日——农历四月十五。东南亚一些信奉佛教的国家对这一节日非常重视，都要举行大规模的庆祝活动。

（五）观音纪念日

观音纪念日包括农历二月十九的观音诞生日、六月十九的观音成道日、九月十九的观音涅槃日。

第三节　基督教礼仪

一、简况

基督教是指信奉耶稣基督为救世主的各教派的统称，为世界上最大的宗教，于公元 1 世纪由巴勒斯坦拿撒勒人耶稣所创立。相传耶稣是上帝的独生子，为圣灵降孕童贞女玛利亚生养成人。耶稣掌握许多神术，能使瞎子复明、跛子行走、死人复活，因得罪当权者而被钉死在十字架上。据传在其死后第三天即复活，复活后第 40 天升天。耶稣的受难是因十二门徒中犹大的出卖造成的，受难之日为星期五。最后的晚餐连耶稣在内有 13 人，所以有些西方人将 13 日与星期五视为凶日。

在基督教的历史上，发生过两次大的分裂，因而形成三个大的教派：罗马公教、正教（又称东正教）、新教。约在公元 7 世纪前后，基督教传入中国。在我国，新教往往被独称为基督教，又叫耶稣教，罗马公教则被称为天主教，东正教人数不多，集中在东北和新疆一带。

基督教的经典是《圣经》，包括旧约和新约。旧约圣经在中国称《旧约全书》，新约圣经称《新约全书》。

从形式上讲，基督教（新教）和天主教也不一样。比如：基督教《圣经》中的"旧约"有 39 卷，而天主教则有 46 卷；基督教称至上的神为上帝，或就叫神，而天主教则称之为天主或就叫主；基督教的十字架上没有耶稣受难的形象，而天主教有；基督教不供奉圣母，而天主教则供奉圣母；基督教经常的崇拜活动为礼拜，形式灵活多样，而天主教的主要崇拜活动为弥撒，程式是完全固定的；基督教礼拜的主要内容为讲经，而天主教则每天都做弥撒，除正台弥撒外，平时一般不讲经；基督教称教堂为礼拜堂，且教堂内大多不设置圣所、圣台，仅有十字架、烛台、花瓶等简单布置，而天主教称教堂为天主堂，堂内设置圣所、祭台，点长明灯，普通教徒不得入内；基督教徒祷告时不一定要下跪，忏悔时不须向神职人员告解，画十字时无须蘸圣水，而天主教堂内则必备跪凳、告解亭、圣水缸等设备，供教徒使用；基督教神职人员的圣衣，形式不一，比较简单，而天主教神职人员的圣衣，则从形式到色彩，都有严格规定，总体说来比较华美。

基督教的标记为十字架。因为耶稣被钉于十字架而死，以示信仰耶稣的主张和学说。在中国，基督教（新教）对其信奉的对象译称为"上帝"，天主教译称为"天主"。

二、主要礼仪

由于各派在信仰、教义方面存在着差异，导致了各派的礼仪及教徒的习俗也不尽相同。下面以新教和天主教为例分别说明。

（一）基督教（新教）基本礼俗

1. 神职和称谓

基督教设有主教、牧师、长老、执事、传道员等神职人员，其中主教是实行主教制的教派中职位最高的神职人员，有权主持各种宗教活动；牧师是大多数教派都设的职位，是主持宗教仪式、管理教务的主要神职人员；长老是教会的负责人和领袖；执事一般不主持宗教活动，只是协助教会牧师、长老管理教会事务；传道员在教会中协助牧师、长老，其具体工作是传道，向信徒和慕道友们讲述、解释《圣经》教义和信条。

基督教内部教徒众多，往往不以年龄、性别、辈分相称，而自称是上帝的罪人，教徒之间互称兄弟姊妹或"同道"，但是非基督教徒却不能以"同道"来称呼。对教会的神职人员，可以他们所担任的教内职位，再加上其姓氏相称；对不同性别的传道员，称先生、弟兄或小姐即可。

2. 祷告

宗教各派都有祷告要求，这在基督教的信仰生活中，也是一项不可缺少的仪式，它表示教徒与上帝讲话。其内容为祈求、感谢、悔罪、恳求上帝赐福等。祷告没有固定的形式，单个信徒内心默诵可，大家聚在一起朗诵也可。祷告有早祷、晚祷，或遇特定事祷告；需要有牧师作为领祷人主持的祈祷，祈祷完毕，参与者应同声表示诚心所愿，齐呼"阿门"（Amen，意为真诚，表示希望一切祈祷唯愿如此、允获所求）。

3. 礼拜

礼拜是基督教的主要宗教活动，通常每星期日一次，在教堂进行。依据《圣经》记载，大多数宗派，都在耶稣基督星期天复活日进行礼拜，所以又称为主礼拜日。礼拜由牧师主礼，内容包括唱赞美诗、读经、祈祷、讲道、祝颂等。除星期天的常规礼拜外，遇有一些特殊情况时，也可安排专门的礼拜，比如婚礼、葬礼、感恩等，所不同的是，

这类专门的礼拜比常规礼拜的规模要小一些。

4. 洗礼

成为基督教徒，必须领受的第一件圣事，即为洗礼。经过洗礼之后，才可以成为基督教的正式教徒。据说，这是耶稣立定的圣事，可以赦免入教者的原罪等，并据此在今后有领受其他圣事的权利，接受上帝的恩宠。洗礼之前，必须经过基本教义的培训和考试（考信德），合格后，方可接受洗礼。

洗礼的方式有三种：一种是注水洗礼，即主礼者（如牧师）用贝壳或浅碟往受洗者额上倾注少许水，让水从额上往下流，同时，口诵经文；另一种是浸礼，又称大水洗礼，即主礼者手扶受洗者，让他全身慢慢浸入水池中片刻，同时，口诵经文；还有一种是点水礼，类似注水礼，即由主礼者口诵经文，用手蘸圣水，点在受洗者的额上或头上。

5. 圣餐

圣餐是基督教的主要仪式之一，起源于《圣经》中耶稣和众门徒共进最后晚餐的故事。据传，当时耶稣拿起饼和酒祝圣时，对大家说"这是我的身体和血，是为众人免罪而舍弃和流出的"，然后，分给众人领食，并要求后世信徒也要经常以这种方式来记住他。由此沿传下来，成了基督教的主要仪式。其具体做法在新教、天主教、东正教中各有差别，但都得经过主礼人对面饼和葡萄酒进行祝祷，然后让正式信徒领食（非正式信徒，一般不领圣餐）。主要差别在于：一是提法上有异。新教称圣餐为"神交圣礼"，天主教称之为"圣诗圣事"或"弥撒"，东正教称之为"圣体血"。二是做法上有异。天主教坚持用无酵饼，东正教主张用有酵饼，而新教则认为有酵无酵的饼都可用。三是领受人员有区别。天主教坚持信徒和神职人员要有区别，认为非神职人员不能领受祝圣后的葡萄酒，而新教和东正教则主张教徒参加圣餐仪式后，都能同时领受面饼和葡萄酒。

（二）天主教（公教）基本礼俗

1. 神职及称谓

天主教（罗马公教在中国的名称）中心设在罗马城西北的梵蒂冈，是一个具有严密组织的国际宗教团体。教皇是天主教的最高首领，因为他是"基督在世的代表"，所以在信仰和伦理上都是"永无谬误的"。

凡有天主教徒的国家，均被教廷划分为若干个教省、教区，由教廷任命的神职人员管理。神职及称谓主要有：枢机主教（又称红衣主教）、首席主教、祝圣总主教、总主教、主教、司铎（又称神甫、神父）和修士、修女等。枢机主教由教皇任命，可当选为新教皇，一般都担任着各国教会的重要职务；首席主教在天主教势力较大的国家里任天主教会的首领；祝圣总主教有监督各级神职人员行使职权和批准主教会议决定的权力；总主教是负责一个教省的主教；主教是负责一个教区的高级僧侣；司铎通常在基层教堂，直接管理教徒，进行传教活动；修士、修女则是终生为教会服务的传教人员。

在通常情况下，平信徒（指通常的信徒，是与教会的神职人员相对而言的）遇见神父时应主动点头问候，说声"神父好"，神父也应礼貌地回答"教友好"。在神父与神父相遇时，以称呼对方"神父""司铎兄""神兄"来互致敬意，对于相互了解的也可直呼其名或洗礼圣名。平信徒与神父在遇到主教时，应主动招手致意或点头致敬，或者趋前握手甚至亲手。

2. 祈祷

天主教的祈祷和基督教的祷告基本上相同，都是和耶稣（天主）交流，或呼求，或感谢，或赞美等，但礼仪要求比基督教祷告拘谨些。天主教徒祈祷时，基本的仪态为两手合十，两脚相并，端正跪地，将双臂置于跪座上面，心清意净，口念经文。在教堂举行祈祷时，则更讲究仪态，信徒们要心专神注，坐有坐相，站有站样，跪有跪法，必须仪态端庄。

祈祷的仪式，可分为行圣号经、行屈膝礼、跪拜和拜圣体几个部分。

3. 弥撒

基督教称此为圣餐，天主教则称之为弥撒。他们认为举行此仪式，是以不流血的方式，追忆耶稣在十字架上对圣父的祭献。

天主教规定，主教和神父在弥撒时即可领取圣体（无酵饼）与圣杯（葡萄酒），而教徒们则只能领取圣体，不能领取圣杯。

4. 圣洗与坚振

圣洗，亦即洗礼。天主教的圣洗大体分为六步，即考问礼、圣道礼、忏悔礼、注水（浸水）礼、敷油礼及最后的礼成式。

坚振礼，意指坚固信仰，振奋信心，勇于为基督做见证的仪式，又称坚信礼。一般在圣洗后不久进行。坚振礼的仪式，一般可分为两阶段：第一阶段是覆手礼，第二阶段是敷油礼。

5. 婚配、告解与终傅

天主教认为，信徒的婚姻是件圣事，一般须在教堂内，由神父主礼，按教会规定的仪式进行才可结为正式夫妻。这种仪式，一般在弥撒中间举行，也可在弥撒外单独进行。婚配仪式的主要过程为：由神父分别询问男方、女方是否愿意结为夫妻，得到双方肯定的回答后，主礼人即诵念规定的经文，宣告"天主所配合的人，不能分开"，接着为双方祝福，新郎、新娘互换戒指、接吻并发誓。整个过程气氛凝重而热烈，教堂敲钟，亲友撒花，加念经文或欢唱圣歌。基督教虽也有此礼，但不视其为圣事。

告解，是指真心悔罪、坚决改过之意。天主教信徒有违反良心、教规及纪律的行为时，按天主教要求，应该向神父讲清告明，深刻反省，进行忏悔，以求得到天主的赦免，使自己得以解脱。神父有责任对告解内容保守秘密。

终傅，是天主教信徒在临终时，由神父在行为临终人的额上和手上敷搽圣油的一种圣事。认为借此可赋恩于斯，赦免罪过，以减轻临终人的神形困苦，赐其内心平定，安心离开这个世界。

（三）入教堂礼仪

基督教礼拜时，非信教群众进入教堂，一般不受阻止。但非教徒入内参观，应保持衣着整洁、谈吐文明，不可在教堂内外嬉笑打闹，更不能对基督教徒的宗教活动评点讥讽；要注意祷告或祈祷时场内的气氛，不要与基督教徒讨论上帝或天主的可信与否，更不能以此为玩笑伤害基督教徒的感情；对讲道，听不听，由各人自便，但不能在教堂里喧哗，更不要以自己的认识（如无神论思想），在教堂内与人辩论；如果觉得实在不合自己的意愿，可悄静、礼貌地退场。

三、主要节日

基督教的主要节日有圣诞节、复活节、受难节、主显节等。

（一）圣诞节

圣诞节是基督教纪念耶稣基督诞生的节日，是基督教重要节日之一。因《圣经》没有明确记载耶稣生日，所以教会规定：从公元354年开始，每年的12月25日为圣诞节（一般从12月24日的下午到1月6日）。这一天正是罗马帝国太阳神的诞生日，意为耶稣的诞生，就是太阳的再生。依据耶稣是诞生在夜里的说法，圣诞节的庆祝活动，从 12 月 24 日午后就开始了。圣诞夜是个狂欢夜、欣喜夜，有唱圣诞颂歌、扮圣诞老人等许多活动。据说，圣诞老人名叫圣尼古拉，他是一位白胡须、穿红袍、戴大皮帽的胖老人，每逢圣诞夜，他就驾驶着鹿橇自北方来，从烟囱进入各家各户，把孩子们喜欢的玩具、糖果等礼物悄悄地装进挂在炉前的长筒袜内，最受儿童的欢迎。

圣诞夜各家要聚餐一次，点亮圣诞树，聆听教堂洪亮的钟声，餐桌上布满丰盛食品，其中火鸡是圣诞大宴上必不可少的，所以又叫圣诞鸡。此外，还有羊羔肉、葡萄干、果饼、布丁等，可谓家家欢喜、户户开怀，欢乐之情，绝不亚于中国的春节。圣诞节本是一个宗教节日，但随着时代的发展，现已成为大多数国家全民欢庆的民间节日。圣诞节期间，世界各地庆祝活动的内容也不尽相同。

（二）复活节

复活节是基督教的又一重要节日，是为纪念耶稣复活而进行的庆祝活动。据传，耶稣基督被钉在十字架上后，于第三天复活。公元 325 年基督教尼西亚会议规定每年的春分月圆后的第一个星期日为复活节（东正教则因历法不同，约推迟两个星期）。

复活节在基督教国家中，是仅次于圣诞节的第二大节日。为了庆祝节日，许多国家都放假若干天，家中亲人得以团聚，好友之间互致祝贺，长辈们会买些鸡蛋形、小兔形的巧克力糖等礼品，装在小篮子里送给孩子们。传说鸡蛋象征生命，兔子也常被看作是新生命的象征，以此寓意耶稣的复活。

复活节期间，教会要举行盛大而隆重的纪念仪式，教徒们相遇时，都互道"主复活了"。复活节晚宴也是丰盛的，传统主菜为羊肉和熏火腿。基督教徒把羔羊看作是耶稣献身的象征，把猪看成是幸运的象征。现在每逢复活节，有些西方国家都举行庆祝游行活动，人们互相赠送象征生命和繁荣昌盛的复活节彩蛋，气氛欢快热烈。另外，教会吸收新教徒的洗礼仪式，也常安排在这一天举行。

第四节 伊斯兰教礼仪

一、简况

伊斯兰教，在我国俗称回教、清真教等，大约在公元 7 世纪初产生于阿拉伯半岛上的麦加城，创始人为穆罕默德。"伊斯兰"一词，是阿拉伯语的音译，意为"顺服"，指顺服唯一之神安拉的旨意。对信仰伊斯兰教的人，一般称为"穆斯林"或"穆民"，意为"虔诚者"。

伊斯兰教主要有逊尼派和什叶派两大派。逊尼派是伊斯兰教中人数最多的一派，中国穆斯林大多属于此派。什叶派是伊斯兰教中人数较少的一派，中国有些地区的少数民族，如新疆的塔吉克族就信仰什叶派。伊斯兰教主要分布在西亚、北非、中亚、南亚和东南亚等地区，有 20 多个国家将其定为国教。在公元 7 世纪中叶，当时的阿拉伯国家通过与唐朝的商业往来和外交活动等渠道，将伊斯兰教传入中国。1953 年，中国成立了伊斯兰教协会。

伊斯兰教最高和根本的经典是《古兰经》，又称《可兰经》。"古兰"是阿拉伯语的音译，意为"诵读"或"读物"。《古兰经》共 30 卷，114 章，内容极其丰富。

伊斯兰教的标记为新月，供奉对象为安拉（真主）。

二、主要礼仪

（一）称谓

伊斯兰寺院又叫清真寺，由教长、海推布、穆安津（宣礼员）等教职人员管理。这些教职人员，在中国又被统称为阿訇。"阿訇"在波斯语的穆斯林中，原意为"学者""教师"，一般负责主持清真寺的寺务和教务。维吾尔族穆斯林称"阿訇"为"毛拉"（阿拉伯语的音译）。在穆斯林之间，无论职位高低，都以兄弟互称，或叫"多斯提"（在波斯语中为好友、教友之意）；对非常知己的朋友称作"哈毕布"（阿拉伯语，意为心爱者、知心人）；教长对教民称呼"高目"（阿拉伯语），也有称作"哈宛得"（波斯语，是教长对教民的敬称）的。对到麦加朝觐过的穆斯林，在其姓名前冠以"哈吉"，这在穆斯林中是十分荣耀的称谓。对德高望重、有相当学识和地位的穆斯林长者，尊称为"筛海""真人""握力""巴巴"和"阿林"等；对在清真寺里求学的学生，则称为"满拉"或"海里发"。

（二）问候和拿手

穆斯林之间见面时要互致祝安词，阿拉伯语为"色兰"（Salam），意为"平安"。按照伊斯兰教的习俗，致祝安词时，年轻者先说于年长者，行进者先说于伫停者，站立者先说于已坐者，进门者先说于门内者，少数人先说于多数人，男子先说于女子。男子向女子致祝词时，应注意不要握手，而是保持一定距离，以示庄重。

拿手，是男性穆斯林之间的握手礼。方法是：双方单腿弓步，双手相握，右手拇指交叉在里，左手辅握在外，两人右肩头紧靠，同时诵念真主嘉惠彼此及眷属。

（三）穆斯林的衣食习俗

在饮食方面，伊斯兰教总的原则是提倡以"清净的为相宜，污浊的受禁止"。要求教徒食用清洁食物，禁止食用自死之物及血、猪肉及未诵安拉之名宰的牲禽；禁食驴、骡、马、狗肉和虎、狼、豹、鹰、蛇等凶猛的禽兽；禁酒，提倡饮茶，以茶代酒；沏茶、端饭均用右手，用左手被视为不礼貌。

穆斯林的服饰特征主要表现在头部。伊斯兰教把妇女头发列为羞体，要求必须遮盖起来。所以，穆斯林妇女要戴"盖头"，即用一顶大帽子，把头发、耳朵、脖子都遮在里面，只露出脸部；面纱从头顶垂到肩上，或披到背心处。在伊斯兰教国家，妇女外出必须戴面纱和盖头；男子则多戴无檐小帽，这种小帽又名"礼拜帽"。

（四）入清真寺礼仪

人们进入清真寺，要注意衣着整齐、洁净，不袒胸露臂，不穿短裤，不穿短裙，不抽烟，不高声喧哗，更不能唱歌跳舞，不能讲污秽言语。一般非穆斯林不要进入礼拜大殿，更不能在里面放置有偶像的东西。

三、主要节日

伊斯兰教的主要节日有开斋节、古尔邦节和圣纪节等。

（一）开斋节

开斋节在我国新疆地区称"肉孜节"，是穆斯林最热闹的节日，时间在伊斯兰教历的 10 月 1 日。按伊斯兰教法规定，每年教历的 9 月为斋月，凡成年健康的穆斯林都应全月封斋，即每日从拂晓前至日落实行斋戒。封斋第 29 日傍晚如见新月，次日即为开斋节，如不见，则再封一日，共 30 日，第二日为开斋节。是日，穆斯林前往清真寺参加会礼，听伊玛目宣讲教义；会礼后，互祝节日吉庆。有些穆斯林还特意选择开斋节这天举行婚礼。

（二）古尔邦节

"古尔邦"一词，在阿拉伯语中是"献牲"的意思。因而，此节又称"宰牲节""忠孝节"，在伊斯兰教历的 12 月 10 日举行。节日这一天，人们要按照规定仪式宰牛、羊和骆驼（所宰的羊须满两岁，牛或骆驼须满三岁），还要举行隆重的仪式。相传古代先知——易卜拉欣，夜梦安拉命令他亲手杀死自己的儿子伊斯玛仪，以考验其对安拉的忠诚。当第二天清晨，易卜拉欣在麦加附近的米那山谷正准备忠实执行真主的旨意时，安拉受到感动，派天使送来绵羊一只，代替伊斯玛仪作为献祭。从此以后，每年都要在这一天宰牲馈赠。

节日期间，除会礼、宰牲外，庆祝形式多种多样，热闹异常，一般要欢度三天。

（三）圣纪节

伊斯兰教主要节日之一。在伊斯兰教历的 3 月 12 日。是日为穆罕默德诞辰。节日期间，穆斯林举行诵经、赞圣、讲述穆罕默德事迹以及聚餐等活动。相传这一天也是穆罕默德逝世日，故也称此日为圣忌。中国穆斯林习惯将"圣纪"与"圣忌"合并纪念，俗称为"圣会"。

第五节　道教礼仪

一、简况

道教源于中国，主要流传在汉族地区，但在白、羌、苗等民族地区也有流传，并已传布到东南亚、北美、欧洲华人社会中。道教源于古代的巫术和秦汉时的神仙方术，大约创立于东汉顺帝年间（公元126—144 年），为东汉张道陵所立，最初叫五斗米道，后称天师道，到南北朝时其宗教形式逐渐完备。道教崇奉老子为教主，尊其为神明；奉《道德经》为主要经典，并做宗教性阐述。其根本信仰是"道"，认为"道"乃天地万物之根源，万物演化之规律；认为人立善功、修道德，长生久视，能修炼成仙。

二、主要礼仪

（一）称谓和见面礼节

道教中，对信奉道教教义、修习道术的专职道教徒，统称为道士。道经说："身心顺理，唯道是从，从道为事，故称道士。"对女道士则统称为道姑。对教内精通教义教理、能为人师者或学法精进、能主持斋仪的道士尊称为法师，而对非专职的教徒，则称居士、门徒、信徒、信众或者弟子。

道士不论是与同道还是与外客相见时，习惯于双手抱拳在胸前，拱手作揖，向对方问候致敬，这是道教的传统礼仪。后辈教徒见到前辈时，可行鞠躬礼或跪拜礼。各派的跪拜礼略有不同，一般以师承为训。

非宗教人士遇见道士，一律称"道长"或"法师"，并最好行拱手礼，也可行握手礼。如果知道道士的姓氏，也可在称呼前冠以姓。

（二）净坛、进表、炼度和三课

净坛。净坛是大型斋醮仪式的先行仪式，意为祈请天将，会集诸司，以镇邪避恶，翊卫灵坛。

进表。进表是重要的斋醮仪式，即信众要求通过进表上达仙界，众神莅临斋坛。

炼度。炼度也是重要的斋醮仪式，意为祈告真灵，炼化枯骸，拔度冤魂，永脱沉沦。

三课。三课是指道士修持每天须行道三次，诵持功课。早晨曰清旦行道，午间曰中分行道，傍晚曰落景行道，总称为三课。此为道教例行的宗教仪式。

（三）入道观礼仪

进入道观参观时，应当衣饰整洁，缓步轻声，不可高声谈笑。如遇道教仪式，不要在宗教仪式的坛场内走动；不要打听道士的年龄、身份和家庭等情况，更不要乱拍照；要尊重道观内的各项宗教设施和活动，不破坏宗教场所庄重肃穆的气氛。非宗教徒参观道观时，礼拜、上香可以随意。如果上香，上香礼为双手持香，过顶，插入香炉，鞠躬后退。

三、主要节日

道教信奉的神仙众多，每逢神仙诞辰日都是道教的节日。如老君圣诞、玉皇圣诞、蟠桃会、吕祖诞辰等。道教中有所谓的天官、地官、水官，三官各有生辰，即正月十五、七月十五、十一月十五，称为三元节。每逢节日，各道观都要举行比较隆重的仪式，设坛、诵经、礼忏，祝颂节日。

[**思考题**]

1. 怎样对待宗教信仰？
2. 佛教有哪些主要礼仪和节日？
3. 基督教有哪些主要礼仪和节日？
4. 伊斯兰教有哪些主要礼仪和节日？
5. 道教有哪些主要礼仪和节日？

附　录

1. 国家别称

日本——日出之国、樱花之国
韩国——白袍之国
朝鲜——千里马之国
印度——电影之国、黄金之国
尼泊尔——高山之国、亚洲的瑞士
伊朗——雅利安人之国、东西方空中走廊
叙利亚——油橄榄的故乡
泰国——千佛之国
新加坡——花园之国、公园国家
印度尼西亚——千岛之国、火山之国
缅甸——佛塔之国
越南——竹子之邦
巴基斯坦——清真之国
不丹——神龙之国、森林之国、花卉之国
马来西亚——橡胶之国
菲律宾——太平洋的果盘、世界椰王
科威特——石油之国
沙特阿拉伯——沙漠之国
苏丹——绒棉之国、树胶王国、世界火炉
突尼斯——橄榄之国
肯尼亚——鸵鸟之国、东非十字架

埃塞俄比亚——赤道之国

吉布提——滨海之国

几内亚——铝土之邦、西非水塔

利比亚——沙漠之国

埃及——金字塔之国、棉花之国

加蓬——森林之国、绿色金子国

赞比亚——铜矿之国

津巴布韦——鳄鱼之乡

马达加斯加——牛的王国、红岛之国

卢旺达——千丘之国

喀麦隆——虾之国

塞内加尔——花生之国

塞拉利昂——钻石之国

丹麦——大风之国、欧洲食橱

荷兰——低地之国、风车之国、花卉之国

意大利——欧洲花园、旅游之国、航海之国

西班牙——无雨之国、野兔国、橄榄王国

葡萄牙——软木之国、葡萄王国

英国——世界工场

法国——奶酪之国、葡萄之国

德国——啤酒王国、运河之国、酒花之国、香肠之国

奥地利——音乐之邦、绿色王国、森林之国

保加利亚——玫瑰之国、果菜之国

冰岛——渔业之国、火山岛、雾岛、冰与火之岛

芬兰——千湖之国、湖泊与森林之国

瑞士——钟表之国、世界花园、欧洲屋脊

卢森堡——红土之国、钢铁之国

阿尔巴尼亚——山鹰之国

圣马力诺——邮票之国

摩纳哥——邮票小国

梵蒂冈——国中之国、城国、国际金融帝国

挪威——万岛之国、夜半太阳之国、万湖之国、航海之国

墨西哥——仙人掌之国、金银之国

智利——铜矿之国、硝石之国

委内瑞拉——石油之国、兰花之国

哥伦比亚——黄金之国

厄瓜多尔——赤道之国、香蕉之国

萨尔瓦多——火山之国

牙买加——泉水之国、铝土之乡

巴巴多斯——珊瑚之国

苏里南——森林之国

巴西——足球之国、咖啡王国、宝石之国、可可王国

危地马拉——森林之国、常春王国

古巴——世界甘蔗国、百港之国

海地——多山之国

哥斯达黎加——四季常青之国

巴拿马——蝴蝶之国、世界桥梁之国

玻利维亚——高原之国

加拿大——枫叶之国、万湖之国、冰球之乡

澳大利亚——牧羊之国、骑在羊背上的国家

巴哈马——千岛之国、永远是六月的国家

新西兰——牧羊之国、畜牧之国、白云之乡

伯利兹——森林之国

斐济——长寿之国、南太平洋上的明珠

汤加——胖子之国

巴布亚新几内亚——鳄鱼之国

2. 部分国家国歌

中国——《义勇军进行曲》

朝鲜——《爱国歌》

韩国——《爱国歌》

日本——《君之代》

越南——《进军曲》

马来西亚——《我的祖国》

印度尼西亚——《印度尼西亚共和国国歌》

菲律宾——《菲律宾民族进行曲》

新加坡——《前进吧！新加坡》

泰国——《泰王国国歌》

孟加拉——《金色的孟加拉，我爱你》
印度——《人民的意志》
斯里兰卡——《亲爱的母亲》
土耳其——《独立进行曲》
以色列——《希望》
摩洛哥——《摩洛哥颂》
几内亚——《自由》
贝宁——《新的黎明》
尼日尔——《尼日尔之歌》
喀麦隆——《集合歌》
阿尔及利亚——《誓言》
乍得——《乍得人民》
中非——《复兴》
加蓬——《团结歌》
刚果（布）——《光荣的三天》
刚果（金）——《起来，刚果人》
扎伊尔——《扎伊尔人》
布隆迪——《亲爱的布隆迪》
卢旺达——《美丽的卢旺达》
毛里求斯——《祖国》
南非——《南非的呐喊》
希腊——《自由颂》
波兰——《波兰不会灭亡》
保加利亚——《亲爱的父母邦》
法国——《马赛曲》
德国——《德意志之歌》
荷兰——《威廉·凡·那叟》
比利时——《布拉班人之歌》
瑞士——《瑞士诗篇》
奥地利——《让我们双手相环抱》
卢森堡——《我们的祖国》
英国——《天佑女王》
爱尔兰——《士兵之歌》
芬兰——《祖国》
瑞典——《你古老的光荣的北国山乡》
挪威——《挪威之歌》

丹麦——《基里斯当挺立桅杆》

冰岛——《千年颂》

马耳他——《马耳他颂》

西班牙——《皇家进行曲》

意大利——《马梅利之歌》

梵蒂冈——《教皇进行曲》

加拿大——《啊！加拿大》

美国——《星条旗永不落》

古巴——《巴雅莫颂》

海地——《德萨利纳之歌》

澳大利亚——《澳大利亚，前进!》

新西兰——《上帝保护新西兰》

俄罗斯——《俄罗斯联邦国歌》

3. 国家象征物（见附表1）

附表1 国家象征物

国　家	国　花	国　树	国　鸟	国　兽	国　石
日本	樱花		绿雉	猕猴	水晶
韩国	木槿花	松树	喜鹊	老虎	
缅甸	东亚兰	柚木	孔雀	白象	红宝石
菲律宾	茉莉花	纳拉树			珍珠
泰国	睡莲	桂树		白象	
马来西亚	扶桑花				
新加坡	卓锦·万代兰		鹁鸪鸟		
印度	荷花（罂粟花）	菩提树	蓝孔雀		珍珠
孟加拉国	荷花（睡莲）	榕树		孟加拉虎	
巴基斯坦	素馨花				
尼泊尔	杜鹃花（樱花）		虹雉	牛	
斯里兰卡	兰花（星兰花）	大棕榈	黑尾原鸡	大象	猫眼石
伊朗	玫瑰花				

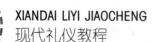

附表 1（续）

国　家	国　花	国　树	国　鸟	国　兽	国　石
土耳其	郁金香 （康乃馨）				
伊拉克	玫瑰花		雄鹰		
朝鲜	金达莱 （木槿）				
中国	牡丹				
印度尼西亚	茉莉花				
黎巴嫩		雪松			
叙利亚	玫瑰花				
意大利	雏菊 （紫罗兰）				珊瑚
希腊	油橄榄	油橄榄			蓝宝石
爱尔兰	白花酢浆草 （白金菜）		蛎鹬		
奥地利	火绒草 （椿花）		家燕		贵蛋白石
比利时	虞美人		红隼		
荷兰	郁金香		琵鹭		钻石
丹麦	冬青		云雀		
德国	矢车菊	爱支栎	白鹳		琥珀
挪威	石楠花	云杉	河鸟		
冰岛			白隼		
葡萄牙	薰衣草 （雁来红）				
西班牙	石榴				绿宝石
俄罗斯	葵花				
波兰	三色堇		雄鹰		
罗马尼亚	白玫瑰				琥珀
保加利亚	玫瑰花				
英国	蔷薇花 （玫瑰花）		知更鸟 （又名红胸鸲）		钻石
法国	金百合花 （鸢尾花）		公鸡		珍珠
瑞士	火绒草		乌鸫		水晶

国 家	国 花	国 树	国 鸟	国 兽	国 石
苏格兰	蓟				
芬兰	绣球花（铃兰）				
瑞典	白菊（睡莲）		乌鸦		
卢森堡	玫瑰花				
摩纳哥	石竹				
圣马力诺	仙客来				
匈牙利	郁金香				
加拿大	枫叶	枫树			
美国	玫瑰花		白头鹰		蓝宝石
墨西哥	仙人掌（大丽菊）		雄鹰		黑曜石
危地马拉	白兰花		克沙尔鸟		
巴拿马	巴拿马草				
古巴	姜黄色百合花				
尼加拉瓜	姜黄色百合花				
牙买加	生命之木花				
埃及	莲花				橄榄石
摩洛哥	康乃馨	栓皮栎			珊瑚石
肯尼亚			雄鸡		
利比里亚	龙葵	油椰			
坦桑尼亚	丁香				
赞比亚			雄鹰		
津巴布韦			津巴布韦鸟		
塞舌尔	凤尾兰				
突尼斯	油橄榄	油橄榄树			

附表 1（续）

国　家	国　花	国　树	国　鸟	国　兽	国　石
委内瑞拉	五月兰		椋鸟		
秘鲁	向日葵	金鸡纳树		骆马	绿宝石
阿根廷	赛波花		棕灶鸟		
智利	野百合花（红铃兰）		山鹰		青金石
巴西	卡特兰（兰花）				
乌拉圭	女神之花				水晶
玻利维亚	印加魔花				
厄瓜多尔	白兰花				
苏里南	法贾鲁花				
哥伦比亚	五月兰（卡特莱兰花）	金迪奥树			绿宝石
澳大利亚	金合欢花	桉树	琴鸟	袋鼠	蛋白石
新西兰	银蕨	四翅槐	几维鸟		玉石
斐济	扶桑				

4. 国外一些城市别称、标志物及含义（见附表 2）

附表 2　　　　国外一些城市别称、标志物及含义

城市名	含义	别称	标志物
东京	与西京(京都)相对而言		东京塔
曼谷	天使之城	水上市场	大皇宫
雅加达		椰城	
河内	因其位于红河大堤之内		
科伦坡		东方十字路口	

城市名	含义	别称	标志物
伊斯兰堡		清真之城	
清迈		玫瑰城	
耶路撒冷		圣城	
新加坡城	狮子城	花之都	
莫斯科	斯拉夫语"石匠的城寨"		克里姆林宫
华沙	两个小孩"华尔"和"沙娃"名字的合称		"美人鱼"青铜像
贝尔格莱德	白色之城	巴尔干门户	胜利者纪念碑
柏林	小狗熊		勃兰登堡门
汉堡	根据"汉马堡"古名而来	桥城、港城	市政厅
慕尼黑	僧侣之地	酒城	奥林匹克塔
日内瓦	因日内瓦湖而得名	世界花园	万国宫
维也纳	位于维也纳盆地之中，西靠维也纳山，因地理位置得名	音乐城	国家歌剧院
罗马	为纪念罗马鲁斯兄弟而得名	露天历史博物馆	科洛塞奥姆斗兽场
威尼斯	最宁静的处所	水都	圣马可广场
雅典	以智慧女神雅典娜命名	不夜城、茉莉花城	雅典娜神像
巴黎	以希腊神话中的特洛伊王子帕里斯命名	花都	埃菲尔铁塔 凯旋门
阿姆斯特丹		北方威尼斯	
鹿特丹	因鹿特河而得名，意为"鹿特河岸堤坝"	欧洲门户	空中饭店
布鲁塞尔	沼泽上的住所	欧洲首都 欧洲十字路口	原子球展览馆

附表 2(续)

城市名	含义	别称	标志物
伦敦	得名于部落名称 Londins	雾都	大本钟
牛津		大学城	
基辅		花园城市	
索菲亚		欧洲花园城市、巴尔干矿泉城	
伯尔尼		表城	
哥本哈根	含有"商人的港口"或"贸易港"之意		"美人鱼"铜雕
阿伯丁		欧洲石油之都	
赫尔辛基		浴城	
戛纳		电影城	
渥太华	因渥太华河而得名"渥太华",意为"交易市场"	郁金香之城、寒都	
华盛顿	以第一任总统华盛顿命名	雪城	国会大厦
纽约	以英国约克公爵命名,意为"新约克城"	美国门户	自由女神像
芝加哥	强大	五大湖畔的明珠	西尔斯塔楼
洛杉矶	天使之城	烟雾城	迪士尼乐园古城堡
底特律		汽车城	
蒙特卡洛		赌城	
哈瓦那	据说是为纪念一位印第安美少女哈瓦那而得名		
墨西哥城	因国名而命名	壁画之都	太阳神和月亮神金字塔
巴西利亚	由西班牙语 Brasil 加后缀"ia"组成,巴西意为"红木"	安静的天堂	三权广场
堪培拉	有三种含义:会场、女人的乳房、莫伦格鲁河加河湾	花园城市	黑山电视塔

城市名	含义	别称	标志物
悉尼	因悉尼湾而得名		海滨歌剧院
惠灵顿	以惠灵顿公爵名字命名	山城、风城	国会大厦
利马		无雨城	
蒲甘		万塔城	
延彻平		火柴城	
哥酋洛		蛇城	
切拉彭吉		雨城	
雅库茨克		冰城	
茂物		雷城	
喀土穆		热城、火炉城	
伊基克市		旱城	
筑波		科学城	
内罗毕		冷水城	
加布罗沃		玫瑰城	
特纳普拉		宝石城	
苏克雷		和平之城	
利伯维尔		自由城	
开罗	征服者、胜利	千塔之城	金字塔
卢萨卡		铜都	
哥特瓦尔德夫		鞋城	

5. 中国一些城市的市花

北京——月季、菊花　　　　上海——白玉兰

天津——月季　　　　　　　重庆——山茶花

南京——梅花　　　　　　　连云港——石榴花

镇江——蜡梅　　　　　　常州——月季

徐州——紫薇　　　　　　无锡——梅花

苏州——梅花　　　　　　扬州——琼花

郑州——月季　　　　　　洛阳——牡丹

开封——菊花　　　　　　西安——月季、杜鹃

武汉——梅花　　　　　　宜昌——月季

兰州——玫瑰　　　　　　长沙——杜鹃

杭州——桂花　　　　　　绍兴——兰花

宁波——山茶花　　　　　温州——山茶花

广州——木棉　　　　　　佛山——玫瑰

珠海——杜鹃　　　　　　湛江——紫荆

南昌——金边瑞香　　　　井冈山——杜鹃

景德镇——山茶花　　　　南宁——朱槿花

桂林——桂花　　　　　　合肥——石榴、桂花

成都——芙蓉　　　　　　福州——茉莉

泉州——刺桐花　　　　　厦门——三角梅

贵阳——兰花、紫薇　　　昆明——山茶花

西宁——丁香花　　　　　呼和浩特——丁香花

格尔木——红柳　　　　　银川——玫瑰

乌鲁木齐——玫瑰　　　　拉萨——玫瑰

济南——荷花　　　　　　青岛——月季

威海——月季　　　　　　沈阳——玫瑰

大连——月季　　　　　　哈尔滨——丁香花

长春——君子兰　　　　　丹东——杜鹃

香港——紫荆花　　　　　澳门——荷花

6. 中国一些城市的雅号

重庆——山城、雾都　　　四川成都——蓉城、锦城

四川自贡——盐城　　　　四川雅安——雨城

四川泸州——酒城　　　　福建福州——榕城

福建泉州——刺桐城　　　河南洛阳——牡丹城

河南许昌——烟城　　　　山西太原——龙城

山西临汾——花果市　　　甘肃兰州——瓜果城

甘肃玉门——油城　　　　甘肃金昌——镍都

云南昆明——春城　　　　云南个旧——锡都

江西南昌——英雄城　　　江西大余——钨都

江西景德镇——瓷都　　　江苏南京——石头城

江苏宜兴——陶都　　　　江苏苏州——水城

浙江杭州——花园城　　　广东广州——羊城、花城

陕西咸阳——纺织城　　　宁夏石嘴山——塞上煤城

内蒙古呼和浩特——青城　内蒙古包头——草原钢城

西藏拉萨——日光城　　　湖北武汉——江城

山东济南——泉城　　　　辽宁鞍山——钢都

辽宁抚顺——煤都　　　　吉林长春——汽车城

吉林省吉林——化学城　　黑龙江哈尔滨——冰城

7. 花木语言

苕——慈母之爱　　　　　冬青——喜悦

杉枝——分别　　　　　　红丁香——勤勉

白百合花——纯洁　　　　蓝紫罗兰——诚实

紫藤——欢迎　　　　　　杜鹃花——节制

黄郁金香——爱的绝望　　四叶丁香——属于我

红康乃馨——伤心　　　　条纹康乃馨——拒绝

榉——繁荣　　　　　　　桂——光荣

樱草——青春　　　　　　常春藤——结婚

胭脂花——勿忘　　　　　红罂粟——安慰

黑桑——生死与共　　　　黑葡萄——慈善

薄荷——有德　　　　　　大丽花——不坚实

万寿菊——妒忌、悲哀　　垂柳——悲哀、依恋

柠檬——挚爱　　　　　白桑——智慧

僧鞋菊——保护　　　　五爪龙——羁绊

菟丝子——战胜困难　　红茶花——天生丽质

红菊——我爱　　　　　黄菊——微爱

鸡冠花——爱情　　　　紫丁香——初恋

野丁香——谦逊　　　　水仙——尊敬

黄毛茛——忘恩　　　　白栎树——独立

野百合——幸福又将回来　金钱花——天真烂漫

刺玫瑰——优美　　　　白茶花——真美

白菊——真实　　　　　翠菊——追念

红郁金香——宣布爱恋　白丁香——念我

豆蔻——别离　　　　　黄康乃馨——轻蔑

杏花——疑惑　　　　　橄榄——和平

枳——希望　　　　　　松——坚贞

桃李——门生　　　　　梧桐——爱情

荷花——清白　　　　　牡丹——富贵

兰花——高尚　　　　　榛——和解

蓟——严肃　　　　　　竹——气节

梅——刚强　　　　　　红豆——相思

桑梓——故乡

8. 礼仪的宝石象征

玛瑙——健康、财富、长寿

变石——永远的归依

紫水晶——纯洁至深的爱

钻石——纯洁、保持和平、预防暴风雨

祖母绿——长生、贞洁、罪的克服、爱的胜利

石榴石——力量

月长石——幸运

蛋白石——希望、天真、纯洁

珍珠——纯洁、天真

红玉——慈悲、威严、神力

蓝宝石——节操、真实、道德

红纹玛瑙——夫妇的幸福

黄玉——友爱、幸福、真实

土耳其石——繁荣、励志

9. 礼仪的诞生石象征

一月——石榴石	七月——红宝石
二月——紫水晶	八月——红纹玛瑙
三月——血石	九月——蓝宝石
四月——钻石	十月——蛋白石
五月——祖母绿	十一月——黄玉
六月——珍珠	十二月——土耳其石

10. 礼仪的颜色象征

红色：象征热情、喜庆、光荣、正义和力量

绿色：象征和平、生命和青春

紫色：象征高贵、威严和神秘

蓝紫色：象征忏悔

黄色：象征和谐、宗教和信仰

黑色：象征庄严、沉稳、朴实、悲痛、死亡

蓝色：象征平静、纯洁

青色：象征深远、沉着、虔敬和诚实

白色：象征纯洁、朴素、无邪气、信实

灰色：象征平凡、朴实、困苦

金银色：象征富贵和华丽

银色：象征纯洁

咖啡色：象征坚实、含蓄

玫瑰红：殉教

11. 色彩的喜爱与禁忌（见附表3）

附表3　　　　　　　　　　色彩的喜爱与禁忌

喜　忌 国家 或地区	喜爱的颜色	禁忌的颜色
比利时	男孩喜粉红色，女孩爱蓝色，一般人喜高雅的灰色	
德国	黑色、灰色	茶色、深蓝色、红色
爱尔兰	绿色及鲜明色彩	红、蓝、白色
法国	东部男孩爱穿蓝色服装，少女爱穿粉红色服装	墨绿色会使人联想到纳粹军服而令人生厌
西班牙	黑色	
意大利	红砖色、绿色、黄	
瑞典		黄色（为国家色）、蓝色
奥地利	绿色	
保加利亚	较沉着的绿色、茶色	鲜明色彩、明绿
荷兰	茶色、蓝色、橙色	
挪威	红、黄、绿等鲜明的色彩	
瑞士	赤、橙、黄、绿、蓝、紫，浓淡相间的色彩组合	黑色
葡萄牙	青色与白色相配象征君主	
土耳其	鲜亮的色彩，绯红、白色较为流行，也喜爱带有宗教意味的色彩	
希腊	白、蓝两色，紫色是国王用色	

喜忌 国家 或地区	喜爱的颜色	禁忌的颜色
巴基斯坦	翠绿色等鲜明色彩	黄色
突尼斯	犹太人喜爱白色，伊斯兰教徒喜爱红、绿、白色	
摩洛哥	稍暗的明快色彩	
古巴	艳丽、鲜亮的色彩	
墨西哥	白、绿、红色组合	
叙利亚	绿、红、青蓝	黄色
埃及	绿色	蓝色（魔鬼）
厄瓜多尔	凉爽的高原地区喜暗色，炎热地带喜白色等淡色	
秘鲁		紫色为平时禁用，只在十月的宗教仪式上可使用
巴拉圭	明朗的色彩	红、深蓝、绿色代表三大党，不宜用在包装上
委内瑞拉	蓝色	红、绿、茶、黑、白代表五大党
缅甸	鲜明的色彩	
马来西亚	绿色象征宗教，也可用于商业活动	黄色为王室使用色彩
港澳地区	红、绿	蓝、群青、白
其他各国及地区的色彩喜爱与禁忌略		

12. 图案的喜爱与禁忌（见附表4）

附表4　　　　　　　　　图案的喜爱与禁忌

喜忌 国家 或地区	喜爱的图案	禁忌的图案
信奉伊斯兰教地区		猪或类似猪的动物图案
法国		核桃
英国		象
意大利		菊花
日本	鸭子	荷花
东南亚地区	象	
瑞士		猫头鹰（死亡的象征）
新加坡	双喜	
北非国家		狗（不洁之物）、狐狸
伊朗	狮子	
土耳其		绿三角（免费样品）

13. 结婚周年纪念日

　　欧美人士对结婚周年纪念十分重视，每年各有其名称。如果你要祝贺客人、朋友的结婚纪念日，或为此举行庆祝活动，可参照附表5撰写祝词，选赠贺礼。

附表5　　　　　　　　　结婚周年纪念日

结婚周年	命名	传统礼物	新式礼物
第1年	纸婚	纸张	钟
第2年	棉婚	棉制品	瓷器
第3年	皮革婚	皮革制品	水晶制品或瓷器
第4年	花果婚 （毅婚）	水果和花卉	各类日用品
第5年	木婚	木器	木器
第6年	糖果婚 （铁婚）	糖果和铁器	银器
第7年	铜婚	青铜制品或铜器	亚麻织物或花
第8年	陶器婚	陶器	皮革制品

结婚周年	命名	传统礼物	新式礼物
第 9 年	柳婚	柳制品	革制品
第 10 年	锡婚	锡器或铝器	钻石首饰
第 11 年	钢婚	钢制器皿	时兴珠宝首饰
第 12 年	绕仁婚（丝婚）	丝织品或亚麻制品	珍珠首饰
第 13 年	花边婚	各式花边	纺织品或毛皮制品
第 14 年	象牙婚	象牙制品	黄金首饰
第 15 年	水晶婚	水晶制品	表
第 20 年	搪瓷婚	瓷器	白金首饰
第 25 年	银婚	银器	银器
第 30 年	珠婚	珍珠首饰	钻石首饰
第 35 年	珊瑚婚	珊瑚	翡翠
第 40 年	红宝石婚	红宝石首饰	红宝石首饰
第 45 年	蓝宝石婚	蓝宝石首饰	蓝宝石首饰
第 50 年	金婚	金器	金器
第 55 年	翡翠婚	绿宝石首饰	绿宝石首饰
第 60 年	钻石婚	钻石首饰	钻石首饰

注：第 15 年以后，每 5 年一个名称。

14. 邮票传情

根据国外的习俗，邮票的不同贴法，有不同的意义：

将邮票倒贴意味着：我已经爱上了你，但不敢向你开口求婚。

两张邮票并在一起表示：你是多么漂亮，我作为你的朋友，感到无比骄傲和自豪。

一张邮票向右斜贴表示：我向你发誓，以后不再生你的气了。

一张邮票向左斜贴表示：很抱歉，能否给我一个改错的机会。

两张邮票对着贴表示：看到你和别人情意绵绵，我火冒三丈，你要想着我。

两张邮票斜对贴表示：我只想和你在一起，不要带上别人。

两张邮票斜着贴在信封的最上端表示：为什么我们的关系仅仅只是握手而已呢？

三张邮票贴在一起表示：你真的爱我吗？我等着你的答复。

15. 交友名称种种

金兰之契：以同胞兄弟相待的好朋友。旧时朋友相契，结为兄弟，互挽谦帖以为凭记，称之为金兰谦，省称兰谦。这种友谊被人们认为是深厚、真挚、美好、珍贵的友谊，因而比喻成芳香的兰花。

莫逆之友：情意十分投合的好朋友。《庄子·大宗师》中说，有三个人"相视而笑，莫逆于心，遂相与为友"。"莫逆"的意思就是指彼此心意相通，情投意合，没有障碍，无所违逆。

刎颈之交：顾名思义，就是指朋友之间相亲相好到把头割下来也毫无怨言的地步。这当然是一种形容夸张之词，意在说明对友谊的忠贞。正如古人言："要齐生死而刎颈无悔也。"

忘年之交：打破年龄、辈分的差异而结为好友。

忘形之交：不拘形迹的缺欠或丑陋而结为不分彼此的好朋友。

竹马之交、总角之交：从小结识的好朋友。我国古代，小孩子束发为髻，叫作总角。

八拜之交：八拜是古代世交子弟见长辈的礼节。后世称结为异姓兄弟的人为八拜之交。

金石之交：形容友谊坚固不摧，如同金石一般，也可以说是十分深厚的友谊。

管鲍之交：指友情笃厚、不计得失的交谊。

泛泛之交：是指情谊不深的一般朋友。

一面之交：仅仅相识，不甚了解。

萍水之交：疏浅的交谊。

市道交：古代指做生意时结交的朋友，这种朋友常常会重利而忘义，后世又称其为小人之交。

患难之交：指经历磨难而结成的朋友。

贫贱之交：指穷困潦倒时结交的朋友。

布衣之交：一指贫贱之交；二指显贵者与没有官职的人相交往。

神交：指心意投合、相知很深的朋友。

知交：指朋友之间达到了知己的程度。

至交：指友谊最深的朋友。

世交：指两家世代有交情。

故交：过去曾经有过交往。故旧、旧交、故人，泛指往日有交往。

杵臼交：指交友不嫌贫贱。

石友：情谊坚贞的朋友。

死友：交情深笃，至死不相负的朋友。

挚友：志同道合的朋友。

素友：真诚淳朴的朋友。

诤友：开诚相见、直言规劝的朋友。

畏友："道义相砥，过失相规，畏友也。"（以道义互相砥砺，有了过失互相帮助，这就是畏友。）

密友："缓急可共，生死可托，密友也。"（不论在平时，还是在危急的时候，都可以相处得好，遇到生死关头可以依靠，这就叫密友。）

昵友："甘言如饴，游戏征逐，昵友也。"（甜言蜜语像糖似的，以吃喝玩乐相往来，这就叫昵友。）

贼友："利则相攘，患则相倾，贼友也。"（见利益就互相争夺，遇到祸患就互相倾轧，这就叫贼友。）

旧雨：比喻老朋友。

新雨：比喻新朋友。

16. 不同年岁的别称

在我国，表示年岁的方式有许多种。了解这些表达方式所代表的具体年龄，有利于在交际中判断对方的年龄，确定相应的称谓。

初度：指初生之时。《离骚》："皇览揆余初度兮，肇锡余以嘉名。"后来亦泛指生日为"初度"。

赤子：初生的婴儿。孔颖达疏："子生赤色，故言赤子。"

襁褓：本意是指包裹婴儿的被子和带子。后借指未满周岁的婴儿。

汤饼之期：孩子出生三日，称之为汤饼之期。旧俗小儿出生三日，设宴招待亲友谓之"汤饼宴"，也作"汤饼会"。

孩提：指二三岁的幼儿。亦作"孩抱"或"提孩"。

龆龀：儿童换齿，指七八岁的儿童。《韩诗外传》："男八月生齿，八岁而龆齿；女七月生齿，七岁而龀齿。"

垂髫：指童年。古时童子未冠，头发下垂，因此以"垂髫"指童年或儿童。

总角：指童年。古代儿童将头发分作左右两半，在头顶各扎成一个结，形状如角，故称"总角"。

黄口：本指雏鸟的嘴，借指儿童。古代户役制度称小孩为黄，隋

代以不满 3 岁的幼儿为黄，唐代以刚生的婴儿为黄。后来，10 岁以下儿童皆泛称为"黄口"。亦作"黄颔小儿""黄口小儿""黄口小雀""黄童"。

教数之年：指 9 岁儿童。亦即开始读书识字的年龄。

指数之年：指 9 岁儿童。

幼学：10 岁。《礼记·曲礼上》："人生十年曰幼，学。"郑玄注："名曰幼，时始可学也。"后因称 10 岁为"幼学之年"。

外傅之年：指 10 岁儿童。古代"外傅"是教导学业的师傅，是相对于在大户人家的"内傅"而言的。

金钗之年：女孩 12 岁。

豆蔻：本是植物名，喻少女。杜牧《赠别》诗："娉娉袅袅十三余，豆蔻梢头二月初。"后因谓女子十三四岁为"豆蔻年华"。

舞勺之年："舞勺"是古代儿童所学的一种乐舞。《礼记·内则》："十有三年，学乐，诵诗，舞勺。"勺，一种管乐器。后用作童年的代称。

舞象之年："舞象"是古代成童所学的一种乐舞。《礼记·内则》："成童舞象。"成童，15 岁以上。舞象是武舞，与舞勺之为文舞不同；用竿，以象干戈。后以指成童之年。钱谦益《泽州王氏节孝阡表》："府君父殁时才舞象耳。"

束发：古代男孩成童时束发为髻，因以为成童的代称。《大戴礼记·保傅》："束发而就大学，学大艺焉，履大节焉。"

成童：年龄较大的儿童。古代对于成童的具体年龄有较大的争议，这一阶段是学习各种技艺的年龄。《礼记·内则》："成童，舞象，学射御。"郑玄注："成童，十五岁以上。"《后汉书·李固传》："固弟子汝南郭亮，年始成童，游学洛阳。"李贤注："成童，年十五也。"《穀梁传·昭公十九年》："羁贯成童，不就师傅，父之罪也。"范宁注："成童，八岁以上。"

及笄：笄，本来是指古代束发用的簪子。古代女子一般到 15 岁以后，就把头发盘起来，并用簪子绾住，表示已经成年。"及笄"即年满 15 岁的女子。

志学之年：15 岁。语出自《论语·为政》："吾十有五而志于学，三十而立，四十而不惑，五十而知天命，六十而耳顺，七十从心所欲，不逾矩。"所以后代称 15 岁为"志学之年"。

二八：16 岁。谓正当青春年少，多言女子。

破瓜之年：旧时文人拆"瓜"字为两个"八"字以纪年，谓16岁。诗文中用来特指女子。

待年：指女子成年待嫁。古代女子成年后才能许嫁命字，故"待年"又称"待字"。

加冠：指男子20岁。古时男子20岁行加冠礼，表示已成年，但体犹未壮，故又称"弱冠"。

结发：束发，扎结头发，古人男20岁束发而冠，女子15岁束发而笄，表示成年。

有室之年：指男女的结婚之年。

花信年华：指女子24岁。

而立：指30岁。也称"壮"。

不惑：指40岁。也称"强"。

知命：指50岁。

艾：指50岁。《礼记·曲礼上》："五十曰艾，服官政；六十曰者，指使。"孔颖达疏："发苍白色如艾也。"

杖家之年：指50岁。《礼记·王制》："五十杖于家，六十杖于乡，七十杖于国，八十杖于朝；九十者，天子欲问焉，则就其室。"

耳顺：指60岁。

花甲：指60岁。我国古代用干支记时间。天干有十，地支十二，十天干和十二地支按照顺序搭配成六十个单位，因干支名号错综参互，60年为一循环，故称"六十花甲子"，也称"花甲"。把这种记时间的词语移用到记人的年龄上，就以"年届花甲"或"花甲之年"来指人到60岁了。

杖乡之年：指60岁。

耆老：指60岁。亦泛指老年。

古稀之年：指70岁。杜甫《曲江》："酒债寻常行处有，人生七十古来稀。"后人就多依此诗，称70岁为"古稀之年"。

从心之年：指70岁。

悬车之年：指70岁。悬车：古人一般至70岁辞官家居，废车不用。唐代许浑《贺少师相公致政》诗序："少师相公未及悬车之年，二表乞罢将相。"亦作"悬车之岁"。

杖国之年：指70岁。

杖朝之年：指80岁。

大耋：指80岁。

　　耄耋之年：指八九十岁的老人。

　　皓首：指老年，又称白首。

　　黄发：指长寿老人。

　　莹发：指长寿老人。

　　鲐背：亦作"台背""骀背"。谓老人的背皮上生斑如鲐鱼背，因用以称长寿老人。

　　媪、妪：指年老的女人。

　　期颐：指100岁。人生以百年为极，故曰期；百岁之人生活起居须人养护，故曰颐。《礼记·曲礼上》："百年曰期颐。"

　　花甲重开：指120岁。

　　双稀、双庆：指140岁。

　　此外，在祝寿中还有这样的年岁表达法：

　　下寿：指60岁。古代有几种说法，《左传·僖公三十二年》："尔何知？中寿，尔墓之木拱矣！"孔颖达疏："上寿百二十岁，中寿百，下寿八十。"又《昭公三年》"三老"孔颖达疏："上寿百年以上，中寿九十以上，下寿八十以上。"《庄子·盗跖》："人上寿百岁，中寿八十，下寿六十。"

　　中寿：指80岁。

　　上寿：指100岁。

　　还历寿：指61岁寿辰。由于按干支纪年法，60年为一轮，61岁正是新一轮重新算起的时候，故称"还历"。

　　喜寿：指77岁寿辰。因"喜"字草书像竖写的"七十七"，故称。

　　米寿：指88岁寿辰。因"米"字拆开，为"八""十""八"三字，故名。

　　白寿：指99岁寿辰。"百"字少一笔为"白"，故称。

　　茶寿：指108岁寿辰。"茶"字上的"艹"字头，形同"二十"；下面的"人木"两字，形似"八十八"。20＋88＝108，故称。

17. 古人称谓种种

（1）尊称

令尊	称别人的父亲
令堂	称别人的母亲

令郎（令子、令郎君、令嗣）	称别人的儿子
令婿（令坦、令倩）	称别人的女婿
令爱	称别人的女儿
令正（令室、令阃等）	称别人的妻子
伉俪（佳偶）	称别人夫妇
乔梓	称别人父子
昆玉（昆仲）	称别人兄弟
跨灶	称贤能的儿子
贤契	称学生
高足	称别人的学生

（2）谦称

家父（家严、家君）	称自己的父亲
家母（家慈）	称自己的母亲
舍侄	称自己的侄儿
拙荆（拙内、荆室、内人等）	称妻子
外子	称丈夫
豚子（犬儿）	称儿子
小女	称女儿

（3）别称

椿萱（严慈、高堂、膝下）	父母
严父（严君、严亲）	父亲
考妣	已故的父母
翁姑（舅姑、姑舅）	公婆
泰山（外父、外舅）	岳父
泰水（外姑）	岳母
同窗（同门、同砚）	同学
东床（坦床、娇客、东坦）	女婿
细君	妻子
良人（郎君）	丈夫

家子	长子
众子	非长子
嫡子	妻生子
庶子	妾生子
手足（棠棣）	兄弟
门生（受业）	学生
季父	叔父

注：在汉语称呼语系统中，有"家大舍小令外人"的七字诀，即称呼自己的亲属用谦称，比自己辈分高或年长的用"家"（已故的，可将"家"字换成"先"字），比自己辈分低或年幼的用"舍"（已故的，可将"舍"字换成"亡"字），称呼对方的亲属一般用"令"。

18. 国际日（见附表6）

附表6　　　　　　　　国际日

日期	名称
1月的最后一个星期日	世界防治麻风病日
1月27日	国际大屠杀纪念日
2月2日	世界湿地日
2月21日	国际母语日
3月1日	国际海豹日
3月15日	国际消费者权益日
3月22日	世界水日
3月23日	世界气象日
4月7日	世界卫生日
4月15日	非洲自由日
4月22日	世界地球日
4月26日	世界知识产权日
5月8日	世界红十字日

日期	名称
5 月 17 日	世界电信日
5 月 24 日	非洲解放日
5 月 31 日	世界无烟日
6 月 5 日	世界环境日
6 月 26 日	国际禁毒日
7 月 11 日	世界人口日
8 月 12 日	国际青年日
9 月 8 日	国际扫盲日
9 月 21 日	国际和平日
9 月第四个星期日	国际聋人日
9 月 27 日	世界旅游日
10 月 1 日	国际音乐日
10 月第一个星期一	世界住房日
10 月 9 日	世界邮政日
10 月第二个星期三	国际减灾日
10 月 14 日	世界标准日
10 月 16 日	世界粮食日
10 月 17 日	国际消除贫困日
10 月 24 日	联合国日
11 月 16 日	国际宽容日
11 月 21 日	世界问候日
11 月 25 日	国际消除家庭暴力日
12 月 1 日	世界艾滋病日
12 月 3 日	国际残疾人日
12 月 5 日	国际志愿人员日
12 月 10 日	世界人权日

19. 世界各地时差（小时）（见附表7）

附表7　　　　　　　　　　世界各地时差（小时）

时区	地区	与世界时差	与北京时差
中时区 0730W ~ 0730E	阿尔及尔、阿克拉、巴马科、达喀尔、弗里敦、里斯本、伦敦	±0	−8
东一区 0730E ~ 2230E	布达柴维尔、班吉、布达佩斯、布拉格、柏林、波恩、贝尔格莱德、地拉那、金沙萨、日内瓦、巴黎、斯德哥尔摩、雅温得、突尼斯、华沙、维也纳、罗马	+1	−7
东二区 2230E ~ 3730E	安卡拉、布加勒斯特、贝鲁特、大马士革、开罗、喀土穆、开普敦、卢萨卡、莫桑比克、赫尔辛基、索非亚	+2	−6
东三区 3730E ~ 5230E	巴格达、达累斯萨拉姆、内罗毕、莫斯科	+3	−5
	德黑兰	+3.5	−4.5
东四区 5230E ~ 6730E	毛里求斯、伏尔加格勒	+4	−4
东五区 6730E ~ 8230E	卡拉奇、伊斯兰堡	+5	−3
	新德里、孟买、科伦坡	+5.5	−2.5
东六区 8230E ~ 9730E	达卡	+6	−2
	仰光	+6.5	−1.5
东七区 9730E ~ 11230E	河内、金边、曼谷、万象、乌兰巴托	+7	−1
	雅加达、新加坡	+7.5	−0.5

时区	地区	与世界时差	与北京时差
东八区 11230E ~ 12730E	北京、马尼拉、伊尔库茨克	+8	±0
东九区 12730E ~ 14230E	大阪、东京、平壤	+9	+1
东十区 14230E ~ 15730E	堪培拉、关岛、墨尔本、悉尼、海参崴	+10	+2
东十一区 15730E ~ 17230E	所罗门群岛	+11	+3
东十二区 17230E ~ 18000E	惠灵顿	+12	+4
西一区 0730W ~ 2230W	雷克雅未克	−1	−9
西二区 2230W ~ 3730W	普拉亚	−2	−10
西三区 3730W ~ 5230W	布宜诺斯艾利斯、蒙得维的亚、里约热内卢	−3	−11
西四区 5230W ~ 6730W	圣地亚哥（智利）	−4	−12
	加拉加斯	−4.5	−12.5
西五区 6730W ~ 8230W	巴拿马城、波哥大、哈瓦那、渥太华、纽约、华盛顿	−5	−13
西六区 8230W ~ 9730W	芝加哥、墨西哥城、危地马拉城	−6	−14

附表 7（续）

时区	地区	与世界时差	与北京时差
西七区 9730W～11230W	洛杉矶	－7	－15
西八区 11230W～12730W	旧金山、温哥华	－8	－16
西九区 12730W～14230W	道森	－9	－17
西十区 14230W～15730W	檀香山	－10	－18
西十一区 15730W～17230W		－11	－19
西十二区 17230W～18000W		－12	－20

说明：＋表示比世界时间、北京时间早。
　　　－表示比世界时间、北京时间晚。

20. 中国公民出境旅游文明行为指南

中国公民，出境旅游，注重礼仪，保持尊严。
讲究卫生，爱护环境；衣着得体，请勿喧哗。
尊老爱幼，助人为乐；女士优先，礼貌谦让。
出行办事，遵守时间；排队有序，不越黄线。
文明住宿，不损用品；安静用餐，请勿浪费。
健康娱乐，有益身心；赌博色情，坚决拒绝。
参观游览，遵守规定；习俗禁忌，切勿冒犯。
遇有疑难，咨询领馆；文明出行，一路平安。

21. 中国公民国内旅游文明行为公约

营造文明、和谐的旅游环境，关系到每位游客的切身利益。做文明游客是我们大家的义务，请遵守以下公约：

1. 维护环境卫生。不随地吐痰和口香糖，不乱扔废弃物，不在禁烟场所吸烟。

2. 遵守公共秩序。不喧哗吵闹，排队遵守秩序，不并行挡道，不在公众场所高声交谈。

3. 保护生态环境。不踩踏绿地，不摘折花木和果实，不追捉、投打、乱喂动物。

4. 保护文物古迹。不在文物古迹上涂刻；不攀爬触摸文物，拍照摄像遵守规定。

5. 爱惜公共设施。不污损客房用品，不损坏公用设施，不贪占小便宜，节约用水用电，用餐不浪费。

6. 尊重别人权利。不强行和外宾合影，不对着别人打喷嚏，不长期占用公共设施，尊重服务人员的劳动，尊重各民族宗教习俗。

7. 讲究以礼待人。衣着整洁得体，不在公共场所袒胸赤膊；礼让老幼病残，礼让女士，不讲粗话。

8. 提倡健康娱乐。抵制封建迷信活动，拒绝黄、赌、毒。

22. 十八种不文明行为

1. 随处抛丢垃圾、废弃物，随地吐痰、擤鼻涕、吐口香糖，污染公共环境。

2. 在非吸烟区吸烟，打喷嚏不掩口鼻，危害他人健康。

3. 坐公交车、乘电梯、购物、买票、参观、就餐时争抢拥挤、插队加塞，不谦让老幼病残孕。

4. 在公共交通工具、宾馆饭店、剧场影院等公共场所高声接打电话、猜拳行令、喧哗吵闹。

5. 在景观文物、服务设施上乱刻乱划，踩踏禁行绿地，攀爬摘折花木。

6. 不听劝阻喂食、投打动物，危害动物安全。

7. 在他人面前打赤膊、袒胸敞怀，在房间外穿睡衣活动，穿着不合时宜。

8. 讲黄色段子、宣扬封建迷信、传播胡编乱造的政治笑话，热衷低级趣味。

9. 强拉外宾合影，违反规定拍照、录像。

10. 吃自助餐时多拿多占，离开宾馆饭店时取走非赠品，贪占小

便宜。

11. 上厕所不冲水，不讲卫生留脏迹。

12. 排队等候时跨越黄线。

13. 在教堂、寺庙等宗教场所嬉戏、玩笑，不尊重当地居民风俗。

14. 在大庭广众之下脱去鞋袜，把裤腿卷到膝盖以上、跷"二郎腿"，酒足饭饱后毫不掩饰地剔牙，卧室以外穿睡衣或衣冠不整，有碍观瞻。

15. 说话脏字连篇，举止粗鲁专横，遇到纠纷或不顺心的事大发脾气，恶语相向，缺乏基本社交修养。

16. 在不打折扣的店铺讨价还价。

17. 涉足色情场所、参加赌博活动。

18. 不消费却长时间占据消费区域，享受服务后不付小费。

23. 社会主义荣辱观

以热爱祖国为荣，以危害祖国为耻；
以服务人民为荣，以背离人民为耻；
以崇尚科学为荣，以愚昧无知为耻；
以辛勤劳动为荣，以好逸恶劳为耻；
以团结互助为荣，以损人利己为耻；
以诚实守信为荣，以见利忘义为耻；
以遵纪守法为荣，以违法乱纪为耻；
以艰苦奋斗为荣，以骄奢淫逸为耻。

24. 社会主义核心价值观

我国社会主义核心价值体系的高度概括和集中表达，基本内容是：富强、民主、文明、和谐，自由、平等、公正、法治，爱国、敬业、诚信、友善。

参考文献

［1］陈继光. 礼貌礼节礼仪［M］. 广州：中山大学出版社，1997.

［2］杨眉. 现代商务礼仪［M］. 大连：东北财经大学出版社，2000.

［3］李广德，李黎，李道魁. 现代礼仪［M］. 郑州：河南人民出版社，1995.

［4］舒安娜. 现代交际礼仪学［M］. 郑州：河南科学技术出版社，1997.

［5］王振槐，茆勇. 国际商务礼仪［M］. 北京：中国审计出版社，1997.

［6］李天民. 现代国际礼仪知识［M］. 北京：世界知识出版社，1994.

［7］丛杭青. 公关礼仪［M］. 北京：东方出版社，1995.

［8］郝军，焦宏昌. 大众礼节礼仪全书［M］. 北京：中国国际广播出版社，1991.

［9］柯古，晓娟，张林，等. 礼仪大全［M］. 北京：中国友谊出版公司，1993.

［10］北京市东城区教育局. 礼仪常识［M］. 北京：北京燕山出版社，1992.

［11］李飞. 家庭交际礼仪手册［M］. 北京：北京体育学院出版社，1987.

［12］郝铭鉴，孙为. 中国应用礼仪大全［M］. 上海：上海文化出版社，1991.

［13］侯宪举，周俊安. 实用中外礼仪［M］. 西安：西安交通大学出版社，1989.

［14］王冰. 现代商用交际礼仪［M］. 北京：地震出版社，1993.

［15］赵冰梅. 公共关系礼仪［M］. 沈阳：辽宁大学出版社，1994.

［16］刘裔远，王国章. 社交·服务必读——实用礼宾学［M］. 上海：立信会计出版社，1993.

［17］杨松河. 外交·社交·礼仪［M］. 北京：军事谊文出版社，1993.

［18］赵景卓，常建忠. 商业服务礼仪［M］. 北京：中国商业出版社，1996.

［19］李柳缤. 商务礼仪［M］. 北京：中国商业出版社，1996.

［20］潘肖珏. 公关语言艺术［M］. 上海：同济大学出版社，1991.

［21］李熙宗，孙莲芬，霍四通. 公关语言教程［M］. 西安：陕西人民教育出版社，1998.

［22］陆冰扬，陈尚铭. 公关写作手册［M］. 杭州：杭州大学出版社，1990.

［23］耿建华. 国际交往礼节趣谈［M］. 天津：天津人民出版社，1989.

［24］邢颖，曾宪植，宋晓华，等. 社交与礼仪［M］. 北京：民族出版社，1993.

［25］何小莉，张衬. 社交应用文［M］. 郑州：河南人民出版社，1997.

［26］李道魁. 公共关系教程［M］. 成都：西南财经大学出版社，2000.

［27］袁革，乔刚. 社交礼仪与口才［M］. 北京：中国商业出版社，1995.

［28］薛晶，杨玉霞. 现代礼仪［M］. 北京：中国商业出版社，1993.

［29］王洪宝，刘国柱，任兆平. 商业礼仪［M］. 北京：中国商业出版社，1992.

［30］张文. 酒店礼仪［M］. 广州：华南理工大学出版社，1999.

［31］金丹. 礼物传真情［M］. 北京：中国华侨出版社，2001.

［32］陆永庆，王艳霞. 旅游交际礼仪［M］. 大连：东北财经大学出版社，2002.

［33］吴忠军. 中国民族民俗［M］. 大连：东北财经大学出版社，2002.

［34］李绍明. 新编实用世界地图册［M］. 北京：中国地图出版社，1998.

［35］林隆. 110 个国家的礼仪风俗［M］. 北京：中国城市出版社，2007.

［36］范毅. 世界地图册［M］. 北京：中国地图出版社，2015.

［37］中国地图出版社. 世界地图册［M］. 北京：中国地图出版社，2014.